스웨덴은 이런 나라다

스웨덴은 이런 나라다

한국을 위한 열두 가지 교훈

이 재 석

기파랑

머리말

새로워진 스웨덴 모델에 세계가 주목하고 있다. 스웨덴은 안정된 복지 국가로서뿐만 아니라 국민 개개인과 기업의 창의성을 진작하는 혁신 국가, 문학과 예술 정신이 만개滿開하는 문화 국가로 거듭나며 '미래에 먼저 도달한 나라 a country that reached the future first'[1]로 불린다.

스웨덴은 유엔과 세계은행 World Bank 등 국제기구에서 내놓은 국민행복도, 국가경쟁력, 인력 개발 수준, 청렴도, 기업 환경 등의 평가에서 이웃 덴마크, 핀란드, 노르웨이와 함께 최상위에 오르는 등 인류가 이루고자 하는 이상을 향해 앞서가고 있다.

스웨덴의 여러 모습은 다른 나라들이 부러워할 만하다. 정치가 안정된 가운데 높은 복지 수준을 유지하며 지속적인 경제 발전을 이루고 있다. 복지 지출이 재정 파탄과 경제 침체를 불러온 남유럽 혹은 중남미 나라의 예와는 다르다. 여러 나라가 저출산을 염려하는 시대에 이 나라의 출산율은 상승세다.

---

[1] 이 표현은 *The Economist*, 2 February 2013의 북유럽 국가들에 대한 특별보고서에서 빌려온 것이다.

국민은 정부를 신뢰하고 국고가 낭비되는 일 없이 사회 전체를 위해 쓰이리라는 것을 믿어 의심치 않는다. 국가 자원의 많은 부분이 인력 개발에 투자되며 국민 개개인이 그 과실을 거둔다. 개인의 자율과 창의를 북돋우는 교육이 경제에 활력을 불어넣고 강한 경제가 사회적 재투자를 가능하게 하는 선순환의 과정이 반복된다.

모든 인간관계가 신뢰의 바탕 위에 형성되며 타협과 합의를 통하여 갈등을 해소해 나간다. 노사관계에서도 그렇다. 안정된 노사관계가 산업의 국제경쟁력을 높이고 그 성과를 노사가 함께 수확한다.

스웨덴은 국제적으로 존경받는 국가이다. 200년 넘게 전쟁에 뛰어들지 않고 유엔의 평화 이념을 구현하는 적극 외교를 펼쳐왔다. 냉전기에는 동서 간의 해빙 분위기를 조성하는 데 기여하며 북구北歐 지역의 안정을 위해 이웃 형제 나라들과 협력하였다. 개발도상국 원조에도 앞장서 왔다. 냉전이 해체된 후 스칸디나비아·발트해海 지역의 공동 번영을 위해 진력하고 있다.

스웨덴의 부러운 모습을 다른 나라로 이식하는 것은 쉽지도 않을뿐더러 바람직하지도 않을지 모른다. 나라마다 풍토, 역사, 문화가 다르며 사회가 동원할 수 있는 인적, 물적 자원의 수준도 천차만별일 것이기 때문이다.

그러나 스웨덴의 오늘이 있게 된 연원을 살펴보는 일은 유익할 것으로 여겨진다. 어떤 요인들이 스웨덴 정치의 성숙에 기여하였는가? 스웨덴 사회의 활력은 어디서 생성되는 것일까? 어떠

한 과정을 통해 복지 체제가 구축되었는가? 어떻게 하여 건설적인 노사관계 구조가 자리 잡았는가? 스웨덴 외교가 국제적으로 존경받는 이유는 무엇일까? 등의 질문에 답을 구할 수 있다면 우리의 앞날을 설계하는 데 좋은 참고가 될 수 있을 것이다.

이런 생각에서 이 책을 구상하게 되었다. 스웨덴의 면면에 비추어 우리의 현재를 성찰하며 미래를 그려보고자 한다. 그래서 책 제목을 『스웨덴은 이런 나라다 - 한국을 위한 열두 가지 교훈』으로 붙여보았다. 스웨덴이 걸어온 길을 되돌아보며 오늘날 우리가 풀어야 할 문제의 본질에 한걸음 더 다가갈 수 있기를 기대한다.

타인의 모습에 자신을 비추어 보면 자신의 실체를 좀 더 잘 알 수 있듯이 머나먼 다른 나라의 모습에 우리나라를 비추어 보면 우리의 자의식自意識이 보다 명확해지고 앞으로 나아갈 방향에 대해서도 보다 체계적으로 사고할 수 있을 것이다.

이 책은 안병훈 ㈜통일과나눔 이사장님의 격려가 없었더라면 나오지 못했을 것이다. 우리 사회 발전을 위한 건설적 대화의 장을 되도록 많이 마련하신다는 뜻으로 이렇게 다소 실험적인 구성의 글들이 발간될 수 있도록 독려해주셨다. 이 자리를 빌려 깊은 존경과 감사의 말씀을 드린다. 아울러 채 정리되지 않은 원고를 책이 될 수 있게 다듬어준 기파랑의 손혜정 편집자에게도 고마운 마음을 전한다.

이성과 혁명

"개인의 자유를 신성시하는 풍토에
마르크스의 혁명 교리가 스며들 수 없었다."

자유주의 풍토와 혁명 교리

마르크스Marx는 자본주의의 모순을 극복하기 위해 사회주의 혁명이 불가피하다고 보았다. 그러나 스웨덴의 이성理性은 이 같은 견해를 수용하지 않았다. 산업사회에서 경제를 시장의 작동에만 맡겨둘 경우 초래될 수 있는 사회적 불균형 문제 정도는 이미 인지하고 있었다. 그러나 이를 폭력혁명으로 풀어야 한다는 주장은 받아들일 수 없었다.

개인의 자유를 신성시하는 풍토에 마르크스의 혁명 교리가 스며들 수는 없었다. 법치의 전통이 깊이 뿌리내린 사회에 폭력으로 변혁을 도모한다는 이야기는 체질에 맞지 않는 것이었다.

스웨덴 사민당도 일체의 폭력혁명론을 멀리하였다. 1917년 러시아 혁명이 일어난 후 당 일각에서 이에 동조하는 이들이 일부 있었던 것은 사실이다. 그러나 당 지도부의 의회민주주의를 지켜야 한다는 신념에는 흔들림이 없었다. 이에 급진 좌파는 사민당에서 떨어져 나가 좌파사회당이라는 신당을 만들었다. 이당은 나중에 좌파공산당이 되었다가 소련이 해체된 후 좌파당으로 당명을 바꾸었다.

스웨덴에서와 같이 영국, 프랑스, 독일에서도 마르크스의 이론을 참고로만 하였을 뿐 추종하지는 않았다. 자유주의의 본고장이었던 서유럽 나라들은 폭력혁명이 아닌 적극적 사회정책을 통하여 산업자본주의 체제에서 생길 수 있는 사회적 불균형의 문제들을 풀어나갔다.

산업 기술의 고도화와 경제·사회 체제의 합리화를 통하여 국민 전체의 삶의 질이 향상되고 누구도 사회 발전 과정에서 소외되지 않는 공동체의 건설을 지향하였다. 의회민주주의가 이 과정을 관리하는 장치로 작동하였다.

마르크스는 산업자본주의의 모순을 극복한다는 명분으로 혁명을 설파하였으나 정작 공산주의 혁명은 산업도 자본주의도 발달하지 않았던 러시아와 중국에서 일어났다. 그런데 마르크스의 '공산당선언'과 레닌의 혁명 전략은 그 자체로 이미 공산 체제의 부조리를 예고하고 있었다. 마르크스·레닌주의Marx-Leninism의 공산당 소수 엘리트 독재는 불가피한 것이라며 이를 정당화하는 교리가 바로 비극의 씨앗이었다.

우리는 이 교리가 스탈린Stalin과 마오쩌둥毛澤東의 독재와 우상화를 낳았고 엄청난 인명의 희생과 민생의 피폐가 뒤따랐던 사실을 알고 있다. 의회민주주의가 정착하지 못했던 곳에 수입된 혁명 교리는 그저 독재 권력 합리화의 명분을 제공했을 뿐 당초 사회주의 이론에서 풀고자 했던 불평등의 문제는 더욱 악화시켜 놓았다. 지금의 북한도 같은 문제를 안고 있다.

미래에 대한 믿음

스웨덴은 국가를 하나의 공동체로 운영하는 것을 미덕으로 여긴다. 여러 정당이 이념적 교리에 사로잡히지 않고 민주화와 사회 개량의 과제를 함께 풀어왔다. 그 바탕에 이성과 과학의 힘으로 사회가 더 나은 미래를 향해 나아간다는 믿음이 있다.

산업화와 국민운동의 전성기에 지금은 중도 정당으로 분류되고 있는 자유당이 정치·사회 민주화의 선봉을 맡고 1889년 출현한 사민당이 이에 가세하였다. 이 과정에서 사민당도 자유주의적 사고를 체질화하였고 자유당 등 중도·보수 정당들은 국가가 사회적 불균형 해소를 위해 적극 노력해야 한다는 사민주의적 가치관을 많은 부분 수용하였다. 경제학자 울린 Bertil Ohlin은 이렇게 형성되어 주류를 이루게 된 스웨덴 식 정치사조의 성향을 '사회적 자유주의 Social Liberalism'라 하였다.

물론 의회민주주의가 이 모든 것을 떠받치는 지주이자 지붕이다. 전통적으로 의회 내 상당한 지분을 보유해왔던 자유당, 중앙당, 온건당뿐만 아니라 신생 사민당도 의회민주주의 과정을 통해 점진적 사회 개량을 도모한다는 노선을 확고히 하였다. 창당 시부터 1925년까지 사민당을 이끈 브란팅 Hjalmar Branting 대표와 지도부는 일체의 사회주의 혁명론을 배제하였으며 소수 과격론자를 당에서 축출하였다.

스웨덴 정치인들에게 정치의 목적은 어떤 이념의 실현이 아니라 국민의 삶의 질을 개선하며 공동체의 발전을 함께 도모하는 데 있다. 그래서 '실질'을 중시하며 토론에서는 '사실에 충실함'을 중요한 기준으로 삼는다. 국가가 '집단이성'을 발휘하여 더 나은 미래를 건설할 수 있다는 믿음을 공유한다. 스웨덴 정치·사회생활의 근간을 이루는 사고를 다음과 같이 압축할 수 있을 것이다.

i. 시민은 어떤 권력 집단에도 의존하지 않는 자유로운 존재이다.
ii. 모든 사회 구성원이 법 앞에 평등하다.
iii. 민주주의 원칙에 따라 모든 인간관계와 제도가 형성된다.
iv. 경제·사회가 발전하는 가운데 계층 간의 경계가 해소될 수 있다.
v. 이렇게 발전하는 사회질서 속에서 개인은 보람 있고 충만한 삶을 누릴 수 있을 것이다.

한국의 좌표

역사가들은 프랑스 혁명, 산업혁명, 공산주의 혁명을 3대 혁명으로 꼽는다. 우리의 3·1운동과 그 정신을 이어받은 대한민국 자유민주 체제의 수립은 프랑스 혁명에 비견할 만한 대변혁이었다. 프랑스 혁명이 전제 왕정을 무너뜨리고 시민민주주의의 길을 열었듯이, 한국 국민은 대한민국이 수립되어 자유민주주의 헌법이 제정됨으로써 자유와 주권의 주체가 되었다. 그리고 한국은 유럽과 미국이 수 세기에 걸쳐 이룬 산업화를 압축해서 달성하였다. 우리 경제가 외국 원조에 의존하지 않아도 되는 자립 역량을 갖추게 됨으로써 한국 국민은 비로소 현대적 삶의 주인이 될 수 있었다.

우리 경제의 역동성을 유지하면서 사회적 불균형을 해소해 간다면 한국은 모든 국민이 보람찬 삶을 누리는 동아시아의 모범 국가로 발전할 수 있을 것이다. 그리고 스웨덴을 포함한 서유럽과 러시아·중국의 비교에서 보았듯이 공산주의 혁명은 우리가 갈 길이 아니란 것이 자명하다.

한국은 인구 5천만 이상의 나라로서 1인당 국민소득 3만 불을 달성한 세계 일곱 번째 나라가 되었다. 이제 이성으로써 우리 정치, 사회, 경제의 내용contents을 충실히 할 때이다. 국가의 집단이성은 법질서의 존중, 대의민주주의의 생산성 제고, 건전한 경제활동, 과학과 교육 발전을 위한 노력, 합리적 정책 결정과 집행, 국민에 봉사하는 행정 등으로 구현된다.

스웨덴 정치는 집단이성이 펼쳐지는 장이다. 국민의 삶을 충만하게 만들기 위한 건설적인 토론으로 가득하다. 선동적 수사修辭는 등장하지 않는다. 독선적 선언으로 건전한 정책 논의를 가로막는 일이 없다.

진정한 협치는 어떻게 이루어지는가?

2

"타협과 합의를 통해 나온 정책은 지속 가능할 뿐만 아니라
그 실행을 위한 사회적 자원을 원활히 동원할 수 있다."

"여러 정당이 권력을 나누어서 행사하는 구도가 자리 잡았다.
야당도 정책 과정에서 소외되지 않으므로
여·야가 함께 국정을 운영한다고 할 수 있다."

타협과 합의의 정치

스웨덴은 농·수산업으로 사회를 영위하던 시대부터 많지 않은 인구가 광대한 토지와 삼림을 개척하고 경작하는 데 함께 힘을 모아야 했다. 협업協業을 통해 공동체가 존속할 수 있었던 환경에서 국가를 하나의 큰 조합처럼 운영하는 문화가 형성되었다.

정치에서도 협업의 문화가 대세이다. 정치인들은 공동체의 발전과 국민의 행복을 위한 실질적 해법을 찾는 데 분주하다. 상호 조정되지 못할 이견은 없을 것이므로 타협은 가장 건설적인 정책을 찾아내기 위한 최선의 전략이기도 하다. 이렇게 '타협'과 '합의'를 통해 나온 정책은 지속 가능할 뿐만 아니라 그 실행을 위한 사회적 자원을 원활히 동원할 수 있다.

협치의 제도적 장치

타협과 합의의 정치가 곧 협치이다. 최근 유럽 여러 나라의 선거 결과에서 나타나듯이 스웨덴에서도 단일 정당이 의회의 과반 의석을 차지하기는 점점 더 어려워지고 있다. 이 같은 구도에서는 정당 간의 협력과 연대를 통해 정국 운영을 원활하게 해야 한다.

사실 다수 정당이 의회에 진출하여 활동하는 구도는 스웨덴에서 그리 새로운 현상이 아니다. 역사적으로도 한 권력자나 세력 집단이 국정의 전권을 장악한 경우가 드물었다. 의회는 국왕의 권력을 견제하였으며 의회 내에서는 귀족, 성직자, 농민, 시민 등 사회적 배경을 달리하는 여러 세력이 정치적 영향력을 두고 경합하며 공동선 共同善을 위해 협력하였다.

　스웨덴은 이런 오랜 의회 정치의 전통 속에서 타협과 합의의 풍토가 조성되었다. 대세를 이루지 못하는 소수 집단이라도 정책 과정에서 소외되지 않도록 하는 정치문화이다. 여러 정당이 협의와 조정을 통하여 정책을 생산해내는 습성을 터득하였다.

　그리고 정책 생산 활동을 의회나 정치권이 독점하지 않는다. 정책 필요성에 대한 사회적 합의를 바탕으로 외부 전문가들과 관련 단체의 지혜를 동원하여 정책이 법제화된다. 이들이 함께 참여하는 조사, 연구와 심의를 거쳐 정책이 형성된다. 이렇게 전全 사회적 협치의 과정이 제도화되었다.

　풀어야 할 정책 사안의 중요성에 비추어 광범위하고 신중한 검토가 필요한 경우, 혹은 문제의 복합성으로 정부의 한 부처에서 독자적 처리가 어렵고 정치적 논란의 여지가 있을 경우에는 대개 국가조사위원회 Statens offentliga utredning, SOU가 가동된다.

　해당 정책 관련 부처의 장, 즉 장관이 SOU를 구성하고 추진하고자 하는 정책의 가능성과 방향에 대해 조사, 연구, 심의해 줄

것을 위촉한다. 위원회에는 정당 인사, 관련 부처의 관료, 학계의 전문가, 경제계와 노동조합 및 시민단체 인사들이 참여한다. 사안에 따라 그 구성이 비교적 단순한 경우도 있다.

위원회의 활동 목적과 범위는 장관의 위촉장에 명시된다. 위원회의 조사, 연구 및 토론은 자유롭게 진행되며 최종적으로 작성되는 보고서에는 수집된 정보에 대한 평가, 정책 사안의 성격과 의미, 향후의 해결책에 대한 제의, 관련 입법의 필요성에 대한 의견 등이 포함된다. 이런 과정을 통해 위원회는 매우 깊이 있는 보고서를 생산한다. 스웨덴이라는 나라 자체가 사실에 충실한 정책 논의와 철저한 논리를 덕목으로 삼듯이 보고서의 내용에도 그러한 기준이 여실히 나타난다.

정부 부처는 위원회의 보고서를 바탕으로 법안을 작성하여 의회로 보낸다. 의회 내에서는 상임위원회의 역할이 중요하며 국정 사안에 대한 정책이 성안되는 데는 여·야 의원들이 참여하는 상임위원회의 심의가 결정적인 비중을 갖는다.

위원회의 심의와 토론은 소속 의원들이 정당의 경계를 넘어 문제 해결을 위한 방책을 함께 모색하는 과정이다. 위원회 심의를 준비하는 과정에서 의원들은 원외 전문가에게 연구를 의뢰하거나 사회 각계 인사들의 자문을 받을 수 있다.

이렇게 SOU와 의회 상임위원회가 정책 형성에 실질적인 영향력을 행사한다. 특히 상임위원회의 비중이 커지면서 '위원회 주도 정치 Utskottsväldet'라는 말도 생겨났다.

여러 정당이 권력을 나누어서 행사하는 스웨덴의 정치 구도는 야당도 정책 과정에서 소외되지 않으므로 여·야가 함께 국정을 운영한다고 할 수 있겠다. 스웨덴 정치인들은 권력에 집착하기보다 정책 형성을 위해 자신이 기여할 수 있는 몫을 다하고자 노력한다.

타협과 합의를 통한 협치의 풍토 속에 정치의 내용은 매우 실질적이다. 다시 말해서 스웨덴 정치의 심장부인 의회 내 작업의 주된 내용은 국민의 복리 향상을 위한 실질적인 방책에 관한 것이다.

스웨덴은 SOU 제도를 광범위하게 활용하였고 제2차 세계대전 후 매년 평균적으로 75개의 SOU가 존속하였다. SOU가 구성되어 보고서를 생산하기까지 평균 3년 정도 걸린다. 헌법 개정을 위하여 1954년 구성된 헌법조사위원회는 9년간 활동하였다.

스웨덴의 정당들

스웨덴 정당들은 각기 일정한 사회 계층을 주된 지지 기반으로 삼아 출범하였으나 경제·사회 환경의 변천과 더불어 계층의 경계를 허물고 자신의 저변을 넓히고자 노력하였다.

의회 내 제1당의 위상을 오랜 기간 유지하고 있는 사민당So-cialdemokratiska arbetarepartiet은 '사회민주적 근로자정당'이라는 당명에도 나타나듯 근로자의 권익을 옹호한다는 목표로 출발하였으나 정당의 경제·사회 정책이 국민의 광범한 호응을 얻으며 중산층으로도 지지 기반을 넓혔다. 사실 사민당 지도부의 상당수 인사들이 중산층 출신 지식인들이다.

중앙당 Centerpartiet은 자영 농민의 이익을 대변했던 '농민연합'이 그 전신이었으나 경제·사회에서 농업의 비중이 낮아지면서 당명도 지금과 같이 바꾸고 새로운 정강·정책으로 도시민의 지지 확보에도 나섰다. 여러 차례 사민당과 연립정부를 구성하여 복지 제도의 기반을 닦는 데 기여했으며, 환경 문제에 대한 사회적 관심 제고에 따라 녹색 정당 Green Party의 역할도 자임하고 있다.

자유당 Liberalerna은 20세기 초 정치 민주화의 주역이었다. 비례대표제 선거제의 도입, 남자의 보통선거권 인정 등 자유주의적 개혁을 이루어냈다. 사민당과 연대하여 사회정책을 적극 추진하고 사회적 자유주의 Social Liberalism의 대변자가 되었다. 오늘날까지 전문직 종사자들, 학계와 언론계 인사 등 지식인 계층이 주요 지지 기반이다.

이념적 스펙트럼의 가장 오른 쪽에 온건당 Moderaterna이 있다. 옛 지주, 귀족, 자산가들이 주력을 이루었던 보수 계열에서 발전한 정당으로서 개인의 선택, 기업의 자유를 강조하며 소상공인,

자영업자들도 주요 지지층이다. 의회에서 사민당 다음가는 제2의 다수당 위상을 유지하고 있다.

그리고 좌파당Vänsterpartiet은 옛 공산당이 전신이고 한때 사회주의 혁명을 표방하였으나 소련의 해체, 동구권의 정치적 변환 이후 당명도 지금과 같이 바꾸고 옛 노선과 결별하였다.

전통적으로 이 다섯 정당이 스웨덴 정치의 주역들이었다. 제2차 세계대전 이후 변화하는 시대의 요구에 따라 새로운 정치·사회 사조가 형성되며 기독민주당, 환경당, 여성당, 스웨덴민주당 등이 출현, 정치권에 진입하였다.

정당 간의 타협과 합의를 통하여 국정 과제를 풀어나가는 다음의 몇 사례들이 우리에게도 시사하는 점이 있을 것으로 생각된다.

집단적 지혜로써 선거제도 개혁

20세기 초 스웨덴 정치가 풀어야 할 최대의 과제가 민주화 시대가 요구하는 선거제도 개혁이었다. 1905년 하원의원 선거 결과 자유당이 106석, 보수 계열(지금의 온건당)이 99석, 사민당이 13석을 얻어 개혁의 선봉에 섰던 자유당이 힘을 받게 되었다.

자유당의 스타프Karl Staaff 수상이 이끄는 정부는 영국처럼 소

선거구에서 다수득표자를 하원의원으로 선출하는 개혁안을 제의하였으나 상원이 이를 거부하였다. 당시 상원은 귀족, 지주 출신이 대세를 이룬 보수의 아성이었다.

이에 따라 스타프 수상이 사임하고 해군 제독 출신 기업가인 보수 계열의 린드만 Arvid Lindman이 수상직을 이어 받았다. 린드만 수상은 의회 내 여러 세력 간의 상호 조정을 통하여 모두가 받아들일 수 있는 개혁안을 만들어냈다. 그의 오랜 의회 정치 경험의 산물이었다.

상원 및 하원 선거에 비료대표제를 도입하기로 하여 상원도 상당히 민주화되는 변화를 이끌어냈다. 선거권 연령을 24세로 내리고 하원 선거에는 남자의 보통선거권을 인정하는 내용이 포함된 개혁안이었다.

여기서 주목할만한 점은, 선거 결과로는 개혁 노선을 대변한 자유당과 사민당이 하원의 과반 의석을 차지하였으나 양당이 보수 인사로 알려진 린드만을 수상으로 초빙하였다는 것과 결국 린드만이 의회 내 여러 세력을 아울러 당시로서는 상당히 전향적인 법안과 광범한 합의를 이끌어 냈다는 사실이다.

유연한 협의와 조정을 통해 주어진 여건에서 가능한 타협점을 찾아내는 집단적 지혜를 발휘하였다. 비례대표제는 지금까지 스웨덴 선거제도의 근간이다.

자유당·사민당 연대에 의한 복지 제도 기반 형성

새 선거법에 따라 치러진 1911년 선거에서 자유당이 하원의 102석, 보수 계열이 64석, 사민당이 64석을 얻어 스타프가 다시 내각을 구성하였다. 자유당 정부는 사민당과 연대하여 전향적 사회정책을 추진하게 된다. 근로자보호법, 농민토지보호법, 그리고 국민연금법을 보강하였다.

상원은 보수 계열이 대세였으나 이런 방향의 입법을 가로막지는 않았다. 이는 여론의 요구를 반영한 것이기도 했다. 또한 기업 활동의 확장으로 재정 자원을 동원할 수 있는 저변이 넓어져 이런 기초적 사회복지 제도의 입법이 가능하였다.

그리고 사민당이 의회민주주의를 옹호하는 원칙을 확고히 하여 자유당 및 보수 계열과의 협조가 가능하였다. 브란팅 Hjalmar Branting 대표가 이끄는 당 지도부는 마르크스주의 Marxism 교리를 신봉하는 일부 폭력혁명론자들을 1908년 당에서 축출하였었다.

협치를 통한 헌법 개정

스웨덴의 헌법은 한 정권의 임기 내에 개정될 수 없다. 의회에서 헌법 개정안이 다수결로 통과되더라도 다음 총선 후 구성된 새 의회에서 같은 개정안이 다시 채택되어야 한다는 조건이 있다. 그리고 의원 1/3 이상이 발의하면 의회에서 1차 통과된 개정안을 국민투표에 부쳐야 한다. 여기서 과반의 지지를 얻지 못하면 개정안은 차기 국회에 상정되지 못하고 폐기된다.

실제의 사례를 보면 스웨덴이 얼마나 신중하게 체계적으로 헌법 개정 문제를 다루는지 실감할 수 있다. 시대의 변화에 발맞추어 새 헌법안을 마련하기 전에 우선 헌법조사위원회가 1954년 구성되었는데 이 위원회는 보고서를 9년 만에 제출하기에 이른다.

위원회의 조사, 연구, 심의가 그만큼 철저하였다. 위원회에는 외무장관을 역임한 산들러 Rickard Sandler 를 위원장으로, 모든 주요 정당을 대변하는 인사들, 헌법 전문가, 그리고 여러 사회단체 대표들이 참여하였다. 위원회는 의회를 단원제로 바꾸고 비례대표제 선거제도도 보강할 것을 제의하였다.

사실 그때까지 유지되어오던 양원제는 시대의 요구에 맞지 않다는 견해가 지배적이었다. 영국의 상원에 해당하는 귀족원의 정치적 역할이 수명을 다했다는 데 정치권과 대다수 국민이 공감하고 있었다. 그리고 비례대표제의 보강에 대해서도 상당한 합의가 있었던 터였다. 결국 이 위원회의 보고서를 바탕으로 정당 대표들 간의 협상이 이루어지고 헌법준비위원회가 본격적인 개헌안 작성 작업에 착수하였다.

1969년 새로 제정된 의회법에 따라 의원 350명의 단원제와 완전 비례대표 선거제도가 안착하였다. 이렇게 구성된 의회에서 새 헌법안이 1차적으로 1973년, 그리고 최종적으로 1974년 통과됨으로써 1975년 1월 1일 발효하였다. 헌법조사위원회가 출범한 지 21년 만이었다.

헌법 개정으로 국왕의 정치적 역할은 더욱 축소되었고 총선 후에는 국왕이 가졌었던 수상 지명권을 국회의장이 갖도록 하였다. 단원제와 완전 비례대표제의 도입으로 총선의 결과는 내각 구성과 직접 연계되었다. 한편 의원의 임기가 3년이어서 너무 짧다는 느낌이 있었는데 1994년부터는 4년으로 바뀌었다.

원자력 에너지 이용에 관한 국민투표

스웨덴에서는 1970년대 중반부터 환경운동 단체를 중심으로 자연친화적 삶을 추구하는 여론이 확산되며 탈원전 주장이 나오게 된다. 대체로 스웨덴 산업의 국제경쟁력이 유지되어야 한다는 입장에서는 원전을 유지하거나 원자력 에너지에 대한 의존도를 점진적으로 줄여나가는 방향을 선호하였고, 탈산업화의 이상향을 그리는 이들은 10년 이내의 탈원전을 희망하였다.

    5~6년간의 논란 끝에 1980년 국민투표를 통해 향후의 방향을 결정하기로 하였다. 이에 대해서는 일단 3개의 안이 제시되었다. 제1안은 건설 중인 원전도 그대로 사업을 계속하며, 고용과 복지 수준의 유지를 위한 전력 수요를 고려하여 가능한 범위 내에서 원자력에 대한 의존도를 줄여나간다는 것이었다. 제2안도 전자와 크게 다르지 않았다. 제1안이 에너지 생산과 관련하여 정부의 개입을 최소화한다는 것을 강조한 것이 제2안과의 차이점이었다. 제3안은 10년 이내의 탈원전을 전망하였다.

    국민투표에서 제1안이 18.7%, 제2안이 39.3%, 제3안이 38.6%의 지지를 얻었다. 정당별로는 제1안은 보수당, 제2안은 사민당과 자유당, 제3안은 중앙당이 지지하였다. 결국 원전을 유지하며 국가 경제의 요구에 맞추어 서서히 에너지 정책을 조정해 나간다는 안이 58%의 지지를 얻은 것이었다.

    이 국민투표 결과가 에너지 정책의 지침이 되었으며 정부는 일방적으로 정책 방향을 변경하지 않는다. 훗날 이와 관련한 명시적인 약속도 뒤따랐다. 2014년 총선 후 사민당·환경당 연립정부가 출범할 때, 에너지 정책에 관하여 재조정이 필요한 경우 야당인 온건당·자유당·중앙당·기독민주당 등 4당과 사전 협의할 것이라는 신사협정을 맺었다.

헌법 개정을 위한 제언

근년에 들어 우리나라 헌법 개정 문제가 여러 차례 수면 위로 떠올랐다. 대통령의 권한 정도에 대해 국민과 정치권에서 많은 공방이 일어나고 있는 실정이다.

현행 제도 하에서 대통령은 국정을 좌지우지할 수 있고 대법원장, 헌법재판소장을 비롯하여 대법관, 헌법재판관에 대한 인사권도 행사하여 사법부마저 장악할 수 있다. 여당과 입법부에도 막강한 영향력을 행사하므로 삼권분립의 원칙이 빛을 잃고 있는 것도 사실이다. 이런 제왕적 권력이 여러 전임 대통령이 퇴임 후 사법 처리의 대상으로 전락하는 비극을 초래하였다는 견해는 일견 무시하고 넘어갈 수 없다.

이제 삼권분립의 원칙을 되살리며 정치의 생산성을 높이는 개혁이 요구되고 있다. 이런 시각에서 대다수 국민들도 헌법 개정을 기대하고 있다. 여러 대통령 후보들이 자신이 당선되면 임기 중에 헌법 개정을 이루어내겠다고 공약하였다.

그러나 2018년 3월 청와대가 국회에 내놓은 헌법 개정안이나 그 전 여당에서 준비해 보았던 안을 보면 현 정권의 임기 내에 개정이 이루어질 수 있을지는 의문스럽다. 한편 이런 국가 대사를 조급하게 처리해서도 안 될 것이란 느낌도 든다.

앞에서 언급한 스웨덴의 헌법 개정 사례와 우리의 현실을 살

퍼볼 때 다음과 같은 방식으로 우리 헌법 개정 문제에 접근할 수 있을 것으로 생각된다.

가. 헌법 개정 작업의 시간적 프레임frame을 길게 잡는다.

지금부터 약 10년간의 시간을 잡는다면 현 정권, 차기 정권을 거쳐 차차기 정권 임기 중에 개정 작업을 완수할 수 있을 것이다. 이런 시간 구도를 설정한다면 개정 작업에 참여하는 이들이 단기적, 정파적 이해타산에 매몰되지 않고 거시적으로 국가의 미래를 위해 지혜를 모을 수 있을 것으로 기대된다.

나. 헌법조사위원회를 구성하여 우리의 현실을 재평가하고 헌법 개정의 기본 방향을 제시한다.

행정부·입법부·사법부의 헌법 전문 기관, 각 정당, 학계, 재계, 시민 단체 인사들이 참여하는 헌법조사위원회를 구성하여 우리 헌정의 역사, 현행 헌법의 문제와 우리 정치 현실을 체계적으로 재평가한다. 이를 기초로 바람직한 헌법 개정의 기본 방향을 건의한다. 이 작업은 현 정권과 차기 정권 기간 동안 진행한다.

다. 헌법준비위원회가 본격적인 개헌안 작성 작업을 진행한다.

헌법조사위원회의 건의를 바탕으로 정부, 국회에 진출한 모든 정당, 그리고 학계의 헌법 전문가들로 구성된 헌법준비위원회에서 개헌안

을 함께 마련한다. 이 부분의 작업은 차기 정권과 차차기 정권 기간
에 걸쳐 마무리하는 것을 목표로 한다.

라. 현행 헌법 절차에 따라 개헌을 완수한다.

현행 헌법에서 규정한 국회 의결과 국민투표를 거쳐 개정안을 확정
한다.

마. 단독으로 개정안을 제출하지 않는다.

청와대의 개정안 제출(2018년 3월)이나 그 전 여당 측의 시안試案
준비는 본격적인 헌법 개정 논의로 이어지지 못하였다. 이와 같은
방식으로는 현 정권의 임기 내 개헌은 성사되기 어려울 것으로 보
인다.

정부나 여당 혹은 야당이 개헌의 절차적 요건(국회위원 2/3 지지 및
국민투표)을 충족하지 못할 것이 분명한 안을 내놓는 것은 정치적
선전의 효과가 있을지는 모르겠으나 그런 만큼 국민의 마음을 혼
란에 빠뜨리고 여·야 간 정치적 갈등의 골을 깊게 할 것으로 우려
된다.

합리적 에너지 정책을 위해

스웨덴이 헌법 및 선거법 개정, 복지정책의 추진, 에너지 정책의 결정과 같은 국가 대사를 놓고 여·야 간 타협을 통해 향후의 방향을 상호 조정해 나간 사례에 비추어 볼 때, 최근 우리 정부가 추진하고 있는 탈원전 정책은 매우 불안해 보인다.

정책이 나오기 전 야당과의 협의, 조정도 없었고 공론화 과정도 충분치 않았다. 정부가 행정계획만으로 에너지 정책 전환을 결정한 것은 위헌의 소지가 있다는 지적도 있었다.

급기야 제1야당인 자유한국당은 '에너지법 개정 법률안'을 발의하였다. 에너지 정책 조정 과정에 사회적 갈등이 예상되는 경우 정부, 전문가, 일반시민, 이해관계자 등이 참여하는 공론화위원회를 설치하고 여기서 제시된 정책안에 대하여 국민투표를 요구할 수 있다는 내용이었다.

정치권의 여·야당 인사들을 포함하여 원자력 전문가 5,000여 명이 참여하는 한국원자력학회는 합리적 에너지 정책에 대한 본격적인 공론화 작업을 요구하였다. 현 정부가 우리의 환경과 여건, 현실을 도외시한 채 대통령 후보의 공약에만 집착하고 있다고 보았다. 아울러 최근의 원자력 발전량 감소가 LNG 발전량 증가로 이어졌으며 이는 심각해져가는 미세먼지 문제와도 무관하지 않음을 지적하였다.

한편 탈원전을 반대하는 범국민서명운동본부가 조직되어 2018년 1월 신한울 3·4호기 건설 재개를 요청하는 국민 33만 명의 서명부와 '대통령께 드리는 공개서한'을 청와대에 전달하였다.[1] 이 서명운동본부에는 울진군, 울진군의회, 울진군범국민대책위원회, 원자력정책연대, 전국원자력대학생연합, 한국수력원자력 노동조합과 정치권 인사들이 참여하였다.

정부는 우리 사회의 다양한 목소리에 귀 기울이며 지금이라도 에너지 정책에 대한 사회적 합의를 이끌어 낼 수 있도록 방향을 조정해야 할 것으로 보인다. 계속 탈원전을 밀고 나간다면 다음 정부가 들어선 후 정책이 수정될 가능성이 없지 않다. 현 정책의 근거가 행정계획이므로 새 정부가 들어서 다른 내용의 행정계획을 채택하는 등 정책 방향을 변경할 수 있을 것이기 때문이다.

물론 이에 따르는 사회적 비용이 막대할 것이다. 사회적 합의에 바탕을 둔 지속 가능한 정책은 이런 부담을 국민의 어깨에 지우지 않을 것이다. 타협은 생산적 정치를 위한 최선의 전략일 수 있다.

---

[1] 신한울 3·4호기는 경북 울진에 건설 중이었다. 1,400메가와트(MW) 급 한국 신형 원전(APR1400) 2기를 짓는 사업으로 이미 7,000억 원가량 투자됐지만 2017년 정부가 신규 원전 건설을 백지화하면서 공사가 중단되었다.

통합의 리더십

3

"그는 여러 정당 출신의 정치인들이 국정에 기여할 수 있도록
통합의 리더십을 발휘하였다.
협치는 정국 운영을 원활히 할 뿐만 아니라
민주주의가 생산적으로 기능하기 위해서라도
바람직할 것으로 보았다."

국민의 집

한손Per Albin Hansson 사민당 대표는 1928년 의회에서 '국민의 집Folkhemmet'이라는 개념을 내놓았다.

"가정의 기본은 공동체 의식입니다. 좋은 가정에는 특권을 누리는 자식도 없고 따돌림받는 자식도 없습니다. 가족은 서로 내려다보지 않으며 다른 식구에게 손해를 끼치거나 자기의 이익을 챙기지 않습니다. 가족은 동등하며 서로 배려하고 협력하고 돕습니다. 이와 같은 정신으로 전 국민을 위한 큰 가정을 건설해 간다면 우리 사회의 상층부와 하층민 간의 경제·사회적 장벽이 사라질 것입니다."

한손은 달변가도 아니었으며 수사에도 능하지 않았다. 그러나 그가 발언할 때는 항상 자신의 생각을 진지하고 꾸밈없이 이야기한다는 것을 알 수 있었다. '국민의 집'이라는 매우 평범한 표현 속에도 누구나 받아들일 수 있는 진실이 담겨 있었다.

"국가를 전 국민이 함께 사는 큰 가정으로 건설하자"는 말은 따뜻하며 건설적이다. 과거의 갈등을 들추어내어 상대방을 탓하지 않으며 공동체 정신으로 서로 배려하고 협력해서 근로자들을 포함한 모든 사회 구성원들이 국가의 발전에 참여하는 화합을 이루어가자고 제의한다.

그의 발언은 당시의 시대정신을 반영한 것이기도 했다. 청년 한손이 정치인으로 성장한 시기는 국민운동 Folkrörelse의 전성기이기도 했다. 스웨덴이 농업사회에서 산업사회로 변환되는 과정에 다양한 자생적 시민운동이 국민의 의식을 일깨우고 있었다.

기독교부흥운동, 금주운동, 노동운동 등 다양한 갈래의 운동을 관통하는 사상은 계몽주의였다. 이성과 과학의 힘으로 더 나은 사회를 건설할 수 있다는 믿음이 시대정신의 근간이었다.

표현의 자유, 집회의 자유, 선거권 제한 철폐 요구 등이 광범한 호응을 얻으며 자유민주주의 사상이 깊이 뿌리 내리고 있었다. 1920년대에 이르러 전 성인 인구의 약 1/4이 1개 이상 시민운동 단체의 회원이었으며 더 많은 국민이 이와 직·간접적으로 연계되어 있었다.

다양한 시민운동 조직 활동의 장은 민주주의의 실험실이자 교육장이었다. 미래 사회를 이끌어갈 이들이 민주주의 규범에 따라 서로 존중하며 상대방에 귀 기울이는 문화에 젖어들었다. 조직의 구성원들이 상호 조정과 타협을 통하여 갈등을 해결해가는 습성을 터득하였다.

정당 간의 경계를 넘어

한손은 사람 간의 소통, 협력, 화합을 막는 장벽이나 경계 등을 매우 부자연스러운 현상으로 보았다. 그가 계층 간의 장벽이 해소되는 사회를 전망하였듯이 정치인들은 정당 간의 경계에 구애되지 않고 국정에 기여할 수 있기를 바랐다.

1932년 총선 결과 사민당이 주도하는 내각이 출범하게 되었을 때 모든 당료들이 그의 수상직 취임을 당연한 것으로 여겼다. 본인이 자신의 지혜로움을 내세우지는 않았으나 그와 일해 본 모든 사람들이 그의 인격, 동료들의 의견에 경청하는 자세와 판단력을 높이 평가하였다.

총선에서 사민당이 하원의 104석, 온건당이 65석, 농민연합(훗날의 중앙당)이 36석, 자유당이 24석, 사회당이 6석, 공산당이 2석을 얻었다. 이에 따라 한손 수상이 이끄는 사민당·농민연합 연립정부는 적극적 실업대책 등 사회정책을 추진하게 된다.

연립내각을 구성할 때 사민당은 농민연합이 바라던 농산물 가격 지지 정책을 수용하기로 하였다. 사민당은 원래 농산물에 대해서도 자유무역을 원칙으로 삼았으나 농민연합의 정책 협력을 확보하기 위하여 한발 물러선 것이었다.

거국내각

한손 수상이 농민연합과의 연립내각을 발전적으로 해체하고 공산당을 제외한 모든 정당과 함께 거국내각을 구성한 것은 제2차 세계대전으로 조성된 안보 위기 상황에서 국민의 마음을 하나로 모으기 위해서였다.

특히 소련의 핀란드 침공으로 '겨울전쟁 Vinterkriget'이 발발하자 국내의 반反소련 여론이 고조되고 있었다. "핀란드 일은 우리 일이다 Finlands sak är vår"라는 말이 구호에 그치지 않고 많은 국민들이 이웃 형제 나라를 구하기 위해 나섰다. 군인과 민간인들이 의용군으로 핀란드군에 가담하였다. 전쟁 물자 지원을 위한 모금 운동이 광범한 호응을 얻고 있었다.

소련-핀란드 전쟁뿐 아니라 덴마크와 노르웨이를 점령한 독일군, 그리고 소련군의 에스토니아, 라트비아, 리투아니아 등 발트 연안국 점령도 스웨덴의 안보를 위태롭게 하고 있었다. 이 상황에서 한손 정부의 최대 목표는 중립을 지키며 나라가 전쟁에 빠져들지 않도록 하는 것이었다.

거국내각에 사민당·보수당·자유당·농민연합 등 각 당의 대표와 중진들이 참여하였다. 핀란드의 상황과 관련하여 상당히 적극적인 정책을 구상하였던 산들러 Rickard Sandler 외상이 물러나고 직업외교관 출신의 귄터 Christian Günther가 대신 기용되었다. 보다 온건하고 보수적인 대외정책을 대변하는 인사였다.

스웨덴의 중립정책은 전쟁의 참화 속으로 뛰어들지 않겠다는 것이었지 가치의 중립을 의미하진 않았다. 따라서 독일군에 점령당한 덴마크와 노르웨이의 저항운동을 지원하였고 나치의 유대인 박해가 심해지자 많은 유대인들에게 피난처를 제공하기도 하였다. 발트 연안국과 동유럽으로부터 많은 난민들이 스웨덴으로 이주하였다. 전쟁 말기까지 스웨덴이 수용한 난민은 300,000명에 달하였다.

거국내각 체제는 안보 위기 상황에서 나라의 뜻을 하나로 모으는 동력을 제공하였다. 주요 정당의 대표와 중진들이 각료직을 맡아 정당 간의 이견이 정치의 전면으로 대두되지 않았다. 국정을 함께 운영하면서 서로의 입장 차는 무난히 조정될 수 있었고 이런 가운데 나라를 지켜야 한다는 국민들의 의지도 굳어졌다.

한편 한손 수상의 국정 운영 스타일은 매우 개방적이며 유연하였다. 정책 사안들에 대하여 소위 '당론'을 정해놓고 소속 당원, 의원들의 발언이나 행동을 구속하지 않았다. 정책 과정에 참여하는 모두가 독자적으로 사고하고 자유롭게 발언하는 것이 건전한 민주주의의 길이라고 믿었다. 의회 내 다른 정당과의 관계에서도 의원 개개인의 견해와 입장을 상호 존중한다면 건설적인 토론 문화 조성과 정책 협력이 가능하리라 기대하였다.

각료회의에서는 모든 참석자들이 자유롭게 토론할 수 있는 분위기를 조성하였다. 자신이 먼저 결론을 내놓고 회의에 임하는 일이 없었다. 토론을 거쳐 결론을 내릴 때는 그가 모든 토의 내용을 숙고한 것을 알 수 있었다. 한손 자신이 선호하던 정책 노선도 회의 중 개진된 견해를 반영하여 수정하는 데 거리낌이 없었다. 그리고 그의 개인적인 인맥이 판단을 흐리게 하는 일이 없었다.

정파 간 경계가 없는 정치

그는 전쟁이 끝난 후에도 거국내각 체제가 유지되기를 희망하였다. 이런 정파 간의 경계 없는 정치 구도가 다음과 같이 민주주의의 내용을 더 충실하게 할 것으로 믿었다.

i. 여러 정당이 내각에 참여하여 정국을 운영하고 국정에 대한 책임을 공유한다.
ii. 의회 내 다수 의석을 차지한 정당은 보다 너그럽고 열린 자세로 당내의 다양한 견해가 표출될 수 있도록 할 수 있다.
iii. 의회에서 상대적으로 약세인 정당도 소속 의원들의 운신의 폭이 넓어질 수 있다. 이와 달리 여와 야가 확연히 구분되는 구도에서는 각 당이 내부 단속을 강조하게 되며, 야당은 정부의 정책에 대하여 비판적인 입장을 전제해 놓고 이를 정당화하는 논리를 구성하려는 경향이 있다.

iv. 거국내각 체제에서 의원들이 소속 정당에 얽매이지 않게 되면 보다 건전한 민주주의 발전을 위한 사회적 동력을 활성화할 수 있다.

한국의 현실에 대한 성찰省察

한손 수상의 이와 같은 구상이 현실화되진 못하였으나 일견 파격적으로 보이는 그의 구상은 현대 정당정치의 문제를 극복하는 새로운 출발점이 될 수 있을 것으로 보인다. 우리 국정 운영의 현실과 미래에 대하여 다음과 같이 성찰하게 된다.

가. 우리 정부는 우리 사회가 가진 역량과 지혜를 두루 동원할 수 있도록 구성되는가?

나. 우리 정당정치의 구도는 모든 당원과 국회의원들이 자유롭게 국정에 기여할 수 있는 기회를 제공하는가?

다. 소위 '당론'으로 일정한 정책을 밀어붙이는 방식에 대한 대안은 없는가?

라. 국회의원들이 정당의 경계를 넘어 자신의 견해를 자유롭게 개
진하고 표결에 참여토록 하는 풍토에서 의정 활동이 더 생산적
으로 되지 않을까?

노벨Nobel의 시대와 삶

4

"노벨은 유럽인들이 사물의 원리를 탐구하며
미지의 곳을 탐험하는 시대를 살았다.
그의 이상주의가 노벨상이라는 유산을 인류에 남긴다."

시대정신

노벨상의 창시자인 알프레드 노벨 Alfred Nobel은 유럽이 사물의 원리를 탐구하며 미지의 곳을 탐험하던 시대를 살았다. 서유럽 전역으로 산업화의 물결이 퍼져나가던 때였다. 그가 태어날 무렵(1833) 스웨덴 최초의 증기기관을 이용한 제철소가 등장하였다. 그가 10대 소년이었을 당시 전국 곳곳을 잇는 철도 건설이 기획되고 있었다.

산업화 과정에서 형성된 중산층의 경제·사회적 영향력이 증대되며 개혁을 요구하는 목소리가 높아지고 있었다. 상공인, 자영농장주, 언론인이 모든 경제·사회 활동의 자유화와 정치체제의 재편을 주장하였다. 1826년 새 민법이 반포되어 모든 개인은 평등하며 신분의 구애 없이 경제 활동에 종사할 수 있고 사유재산은 사회의 보호를 받는다는 원칙을 확인하였다.

산업화는 경제 국제화의 과정이기도 했다. 외국 투자가들, 기업인들이 스웨덴으로 진출하여 토착화하였다. 이 나라의 풍부한 삼림 및 철강 자원에 대한 국제 수요가 급증하며 새로운 기술이 도입되고 생산시설이 대형화하였다.

노벨의 삶과 사고도 스웨덴 국내에 머물지 않았다. 국제화된 환경에서 교육받고 성장하였으며 성년이 된 후 유럽을 발판으로 북미 대륙으로까지 활동의 지평을 넓혔다. 그의 세계시민적 cosmopolitan 면모가 이렇게 형성되었다.

그가 발명가로서 명성을 얻기 시작할 무렵 스웨덴 정치의 새 장場이 열리고 있었다. 귀족·성직자·시민·농민 등 신분층을 구분하던 체제가 막을 내리고 근대적인 양원제 의회제도가 도입되었다. 산업화 시대의 주역이었던 시민 세력을 중심으로 평화로운 정치·사회의 변환을 이루어 낸 것이었다. 이와 병행하여 다양한 국민운동 Folkrörelse이 펼쳐지며 새로운 공동체를 지향하는 참여의 정치·사회 풍토가 조성되고 있었다.

점차 스웨덴 산업이 국제무대로 도약하였다. 풍부한 천연자원의 기반 위에 기업가와 발명가의 창의, 그리고 국민의 근면이 함께 작용한 덕이었다. 세계 굴지의 기업으로 성장하는 에릭슨 Ericsson, 산드비크 Sandvik, 아세아 ASEA, 스카니아 Scania 등의 대기업이 노벨의 시대에 출현하였다.

노벨은 발명가였을 뿐만 아니라 유럽 전역과 미국에 자회사子會社를 두고 다국적기업을 경영한 사업가였다. 또한 선의의 자선가, 인도주의자였으며 자신을 초 이상주의자 super idealist라고 하였다. 그의 이상주의가 노벨상이라는 유산을 인류에 남기게 된다.

DNA

노벨 가문에는 과학자, 발명가, 기업가의 유전자 DNA가 이어져 온

듯하다. 알프레드의 먼 조상 울로프 뤼드베크Olof Rüdbeck, 1630-1702는 스웨덴의 국세가 뻗어나가던 당대의 으뜸가는 학자이자 사업가였다.

웁살라대학교의 의학교수로서 인체의 임파체계를 발견하였으며 식물학자, 건축가, 엔지니어로서도 많은 업적을 남겼다. 수도교水道橋를 건설하고 식물원을 조성하였으며 축성술 교육에도 종사하였다.

알프레드의 부친 임마누엘 노벨Immanuel Nobel은 발명가, 건축가이자 기업가였으며 중년에는 실험실과 군수물자 공장을 경영하였다. 아직 근대적 고등기술교육이 체계화되지 않았던 시대여서 주로 산업 현장에서의 경험을 통해 과학과 기술을 터득하였다.

알프레드가 태어난 해에 임마누엘은 건설 사업의 실패로 파산의 곤경을 맞았으며 다시 사업을 일으키기 위해 스톡홀름에서 상트페테르부르그St. Peterburg로 근거지를 옮겼다. 알프레드는 어머니와 두 형제와 함께 스톡홀름에 남아 어려운 소년기를 겪어야 했다.

어머니가 작은 식품점을 운영하여 세 아들을 양육하였으며 3형제가 거리에서 성냥을 팔며 가족의 생계를 도왔다고 한다. 차츰 부친의 사업이 다시 일어서게 되어 알프레드가 아홉 살 때 가족이 다시 함께 살 수 있었다.

세계시민으로 성장

부친의 실험실과 공장이 소재한 상트페테르부르그는 당시 북유럽의 파리로 불리던 국제 문화 도시였다. 알프레드의 부모는 3형제에게 최상의 교육 환경을 마련해 주었다. 노벨 형제들은 개인교습으로 스웨덴어, 러시아어, 영어, 불어, 독어, 그리고 문학과 철학을 공부하였다. 화학 교수 두 분으로부터 수학, 물리, 화학을 교습 받았으며 화학실험법을 익힌 것이 평생 자산이 되었다.

열일곱이 되었을 땐 그의 배움의 터전이 더 넓어졌다. 프랑스와 미국을 주유周遊하며 견문을 넓히고 현지의 문화를 체험하였다. 파리에서 저명 화학자 쥘르 펄루즈Jules Pelouze 교수 문하에서 수학하며 니트로글리세린nitroglycerine이라는 물질에 대해 알게 된다.

니트로글리세린은 펄루즈 교수의 제자인 아스카니오 소브레로Ascanio Sobrero가 1847년 이탈리아의 투린Turin에서 발명하였으며 노벨이 훗날 그 엄청난 폭발력을 제어할 수 있는 방법을 찾아내어 다이너마이트를 발명하게 된다.

1856년 크리미아 전쟁이 끝나며 알프레드의 부친은 러시아에서의 사업을 정리해야 했다. 지뢰 등 군수물자를 생산하던 공장이 새로운 수요처를 찾지 못해 문을 닫게 된 것이었다. 부모가 스톡홀름으로 돌아간 후 노벨 형제는 상트페테르부르그에 남아 그들에게 화학을 가르쳤던 니콜라이 지닌 Nicolai Zinin 교수의 자문을 받으며 향후의 진로를 모색하였다.

다이너마이트의 발명

알프레드는 발명가로서의 끈질김과 사업가로서의 추진력을 겸비하였다. 니트로글리세린에 대해 처음 알게 된 후 약 10년에 걸쳐 이 물질의 폭발력을 통제할 수 방법을 찾는 데 골몰하였다. 1860년에 이르러 일단 충분한 양을 안전하게 생산하는 데 성공하였고 이어서 물질을 용기에 담아 도화선과 연결하는 장치를 고안하였다. 기초적인 기폭 장치를 만들어 낸 것이다.

1863년 스톡홀름으로 돌아온 후에도 계속 연구와 실험을 거듭하였다. 이 와중에 폭발사고가 발생하여 그의 동생 에밀과 작업자 넷을 잃었다. 그러나 그의 집요한 노력은 멈추지 않았다. 이듬해에 산업 현장에서 이용 가능한 기폭약을 개발하기에 이르렀고 이를 '기폭유 blasting oil'라고 이름 지었다.

이후 알프레드의 사업가 재능이 나타나기 시작하였다. 니트로글리세린 주식회사 Nytroglycerin AB를 바로 설립하고 스톡홀름 근교 빈터비켄 Vinterviken에 부지를 마련하여 실험실과 공장을 지었다. 상당한 재력을 지닌 투자가들이 나타났고 시장에서의 반응도

고무적이었다. 스톡홀름 중심부와 남부 역을 잇는 터널 건설에 이 기폭유가 사용되었다.

유럽과 미국의 산업화가 진전되며 광산 개발, 철도, 도로, 항만, 운하, 터널 건설 등에 폭약의 수요가 대폭 늘어날 전망이었다. 이에 노벨은 1865년 사업 본거지를 함부르크 Hamburg로 옮긴다. 폭약 운송에 따르는 규제도 있어 스웨덴으로부터의 수출만으로는 수요를 충족시킬 수 없었기 때문이다. 독일 현지에서 사업 파트너와 투자가가 나타나 알프레드 노벨 회사 Alfred Nobel & Co.를 설립하였다. 그리고 함부르크 남쪽 크뤼멜 Krümmel에 공장을 지었다.

이듬해에는 미국으로 향했는데 미국, 유럽, 호주에서 여러 차례 폭발 사고가 일어나 노벨의 기폭유가 위험하다는 소문이 퍼지고 미국 의회에서는 제품 수송 금지 조치를 검토하고 있었다. 사고의 원인은 폭약의 용기가 불안정한 데 있었다. 노벨은 자신이 직접 뉴욕 맨하탄의 한 채석장에서 폭파 시험을 시범해 보이며 기폭유를 안전하게 다룰 수 있다는 것을 증명해 보여야 했다.

언론의 주목을 받은 이 시범 폭파 이후 의회의 분위기도 다소 가라앉았다. 포장지에 주의문을 부착하는 조건으로 폭약의 제조, 유통이 가능하게 되었다. 곧 노벨은 현지의 파트너와 함께 '미국기폭유회사 United States Blasting Oil Company'를 설립한다.

그러나 아직도 폭약의 안전성을 담보할 수 있는 단계에 이르진 못했다. 그가 미국에 체류하고 있던 중 폭파 사고로 독일 공장이

날아가 버렸고 제품의 장기 보관과 운송의 안전 문제가 다시 드러나게 되었다. 노벨은 엘베 Elbe강의 선상 船上에 실험실을 차리고 해결책을 찾기에 골몰하였다. 니트로글리세린을 다른 물질과 섞어 안전하게 사용할 수 있는 제품을 만들어야 했다.

우연히도 인근 지방에서 하이드베르크 모래 heidberg sand로 알려진 물질과 니트로글리세린을 혼합하여 반죽을 만들고 이를 막대기 모양의 용기에 담으면 충격에도 견딜 수 있는 폭약이 된다는 것을 발견하였다. 드디어 안전폭약을 발명한 것이다. 노벨은 이를 다이너마이트 dynamite라 부르기로 하였다. 힘 power이란 의미의 희랍어 'dynamis'에서 따온 이름이었다.

니트로글리세린이란 물질을 처음 알게 된 이후 16년에 걸친 집요한 노력의 결실이었다. 곧 신 발명품에 대한 특허권을 스웨덴, 영국, 미국에서 인정받았으며 스웨덴 왕립 과학한림원은 1868년 노벨 부자 父子에게 "인류에게 유익한 중요한 발명품"을 내놓은 공적을 인정하여 레터슈테드 상 Letterstedska Prize을 수여하였다.

세계를 무대로

노벨은 많은 발명품들을 산업 생산품으로 개발하는 추진력이 있었다. 그의 전략은 최대한 신속히 시장에 진입하여 대량생산 체제를 갖추는 것이었다. 1867년 미국 최초의 다이너마이트 공장을 그가 지었다. 같은 해 봄 영국 특허권도 획득하였다.

영국에서의 사업이 정치적, 법적인 문제로 지연되자 스코틀랜드에 먼저 공장을 세웠고 드디어 1871년에는 글라스고우 Glasgow 기업가들이 참여하는 대영 大英다이너마이트회사 The British Dynamite Co.가 설립되었으며, 이어서 프랑스(1871), 스페인(1871), 이탈리아(1873), 스위스(1873)에도 공장이 건설되었다. 세계 곳곳에서 광산을 개발하고 철도, 항구, 교량, 터널을 건설하던 시대였다.

마흔 살이 되었을 때 노벨은 14개국에 산재한 16개 공장을 경영하는 기업 왕국의 주인이었다. 여러 나라에 흩어져 있는 사업체의 업무를 조정, 통합할 2개 지주회사가 설립되었다. 영국과 독일에 있는 회사들은 런던에 본거지를 둔 노벨 다이너마이트 신탁회사 Nobel Dynamite Trust Co.가 맡고, 프랑스, 스페인, 스위스, 이탈리아 등지의 회사는 파리에 본부를 둔 중앙다이너마이트회사 Société Centrale de Dynamite가 통합토록 하였다.

당시 이런 글로벌 네트워크를 관리하는 본격적인 다국적 회사 Multinational Corporation로는 록펠러가 설립한 스탠다드 석유회사 The Standard Oil Co. 정도가 있었다.

노벨은 다이너마이트의 성능을 강화한 젤리그나이트 gelignite와 무연화약 등의 신제품을 내놓았다. 폭약과 무기류뿐만 아니라 인견, 인조고무, 유약 등이 그의 손을 거쳐 나왔으며 일생 동안 355개의 특허권을 소유하였다.

노벨은 1884년 스웨덴 왕립 과학한림원 회원으로 선임되었으며, 1893년 웁살라 Uppsala 대학교는 그에게 명예박사학위를 수여했다. 그는 이를 매우 영예롭게 여겼다. 그가 내놓은 발명품들의 과학적 가치를 학계가 인정한 의미가 있어서였다.

초 이상주의자 - 노벨상

노벨은 발명가, 사업가였을 뿐 아니라 문학과 철학에도 열정을 기울이며 희곡과 시 작품을 남겼다.[2] 그리고 전쟁과 평화의 문제에 대해 깊이 사유하며 유럽의 평화운동을 적극 지원하였다. 한때 그의 비서였던 오스트리아의 평화운동가 베르타 폰 수트너 Bertha von Suttner와 오랜 우의友誼를 쌓았다.[3]

그는 생활인으로서의 평범한 행복은 누리지 못한 것으로 보인다. 부모 형제와의 정은 돈독하였으나 평생 독신으로 살며 사교활동에는 큰 흥미가 없었다. 사랑에 빠진 때도 있었으나 일생을 같이 할 배필을 만나지는 못하였다.

---

2 그의 희곡 Nemesis(그리스 신화에서 인과응보·보복의 여신)가 2005년 스톡홀름의 인티마 극장에서 초연되었다.
3 수트너 여사는 1905년 첫 노벨평화상을 수상하였다.

노벨은 그가 남긴 재산을 기금으로 노벨상을 창시할 것을 유언으로 남긴다. 오랫동안 숙고하여 내린 결정이었다. 그의 형제, 친척과 삶의 여정에서 인연을 맺었던 이들에게도 유산의 일부가 돌아가게 하였으나 너무 큰 재산을 개인에게 물려주는 것은 사회적 반감을 불러올 것으로 염려하였다.

인류의 복리를 위해 문학, 물리, 화학, 의학, 국제평화의 분야에서 최상의 업적을 남긴 이들에게 매년 영예를 수여하도록 하였다. 문학상은 스웨덴 한림원에서, 물리상과 화학상은 스웨덴 과학한림원에서, 의학상은 스톡홀름의 카롤린스카 의과대학에서, 그리고 평화상은 노르웨이 의회가 선임하는 5인의 위원회에서 수상자를 결정하도록 하였다. 당시 스웨덴과 노르웨이는 연합 Union 을 이루고 있었다.

그의 유서가 공개되자 가족, 친척이 이의을 제기하고 국왕 오스카 2세 Oscar II 는 스웨덴·노르웨이인이 아닌 이들에게 상금이 돌아갈 것을 달갑지 않게 여겼던 것으로 전해진다. 그러나 5년간에 걸친 조정 끝에 노벨재단 The Nobel Foundation 이 발족하며 1901년부터 매년 5개 분야의 노벨상이 수여된다. 경제학상은 노벨의 유언에 포함되지 않았던 배경에서 1968년 스웨덴 중앙은행이 별도의 기금을 조성하여 이듬해부터 시상하였다.

복지 제도의 사상적 기반

5

"젊은이들과 근로자들의 건강과 교육,
가족복지의 향상을 위한 지출은
국가 노동력의 질과 생산성을 높이므로
자본예산의 범주에 포함될 수 있었다."

산업화와 자유화 시대의 국민운동

스웨덴은 1809년 몽테스키외 Montesquieu의 삼권분립 사상을 수용한 새 헌법을 제정하였다. 국왕은 각료의 자문을 받아 통치권을 행사하며 국왕과 의회가 입법권을 나누어 가지되 조세에 관한 사항은 의회가 결정권을 갖도록 하였다. 판사는 해임이 불가능하도록 하여 사법권의 독립을 보장하였다.

헌법은 국민의 자유와 인권에 관한 조항도 담았다. 신체와 언론의 자유를 보장하며 검열은 불법화했고 공직에는 이제 신분의 제한 없이 진출할 수 있게 되었다. 그전까지는 귀족 세력이 정부 관료 조직과 군부의 요직을 차지했었다.

얼마 후 새 민법이 반포되어 모든 개인은 평등하며 자유로이 경제활동에 종사할 수 있고 사유재산은 사회의 보호를 받는다는 원칙을 확인하였다. 중세 이래의 길드 제도도 폐지되어 기업 활동이 자유로워졌다.

은행법이 제정되어 민간은행의 설립이 가능하게 되었다. 1830년 처음 출현한 민간은행은 여러 출자자의 공동경영 체제로 국내 기업과 일반인을 대상으로 한 여·수신 업무를 하며 통화도 발행할 수 있었다.

이어서 주식회사법이 제정되어 기업이 자본을 동원할 수 있는 폭이 넓어졌다. 그러나 실제로는 주식 발행보다는 은행 융자가 기업의 자본 조달에 더 큰 비중을 차지하였다. 시장경제의 작동을 원활하게 할 관세 인하, 은행 이자율 제한 철폐, 채권 발행을 통한 외자 도입 등의 정책도 잇따랐다.

주변 환경이 스웨덴 산업 근대화의 발걸음을 재촉하였다. 영국, 프랑스, 독일의 산업화가 가속화하며 스웨덴의 풍부한 삼림 및 철강 자원에 대한 수요가 급증하는 가운데 새로운 대량생산 기술이 개발되었다. 이 과정에서 외국 투자가, 기업인들이 스웨덴으로 진출하여 토착화하였다.

1849년 처음으로 증기기관을 이용하는 제재소가 들어서고 이어서 대형 제철공장이 건설되었다. 섬유산업은 영국 면직 공업의 영향을 받아 면모를 일신하였다. 전통적인 가내공업으로 주문생산제로 운영되던 것이 방적 및 직조 기계가 도입되어 공장생산제로 전환된다.

산업화와 자유화의 시대였다. 이 과정에서 성장한 상공인들, 자영농장주, 언론인들이 의회 제도의 개편도 요구하였다. 전통적으로 스웨덴 의회는 귀족, 성직자, 시민, 농민 등 네 신분층을 대변하는 의원들로 구성되었다. 이를 신분제의회 Ståndsriksdag라고 하였다. 이제 이런 중세적 유산을 청산하고 시민민주주의적 대의代議 제도로 바꾸자는 요구였다. 결국 정치가 새로운 경제와 사회의 흐름을 거스르지 못하였으며 1866년에 이르러 신분제의회가 폐지되고 근대적 양원제가 도입되었다. 상원 Första kammaren에서는 귀족과 고위 관료들이, 하원 Andra kammaren에서는 농민과 시민 계층이 대세를 이루게 된다.

자영농과 지주들이 연합하여 근대적 정당의 효시라고 할 수 있는 농민당 Lantmannapartiet을 조직했고 당은 하원 의석의 40% 정도를 차지하였다. 신흥 상공인과 은행가도 상·하원에 진출했다. 상원의원은 시·도의회에서 간접 선출되었고 하원의원은 직접 선거를 통해 선출되었다. 상원은 보수와 안정의 보루로 여겨지고 하원은 개혁 지향적 세력을 대변하였다.

차츰 자유주의 사조가 사회 전반으로 확산되며 스웨덴은 점차 정치 민주화의 길을 걷게 된다. 인구가 1850년과 1920년 사이 약 350만에서 600만으로 증가하였으며 초등학교 Folkskolan 의무교육제가 도입되어 국민 대부분이 문맹에서 벗어났다. 산업화가 진전되며 많은 농촌 인구가 도시 지역으로 이동하였다.

이와 같은 사회 변동 와중에 모든 계층을 아우르는 다양한 국민운동 Folkrörelse이 펼쳐지며 새로운 공동체 문화가 형성되고 있었다. 미국 금주운동의 영향을 받아 1830년대 초부터 조직되기 시작한 금주협회는 스웨덴 지방 도처에서 생겨나 약 20년 후 420여 개의 협회에서 도합 100,000명에 이르는 회원을 확보하였다.

최초로 많은 참여자를 동원한 운동은 기독교부흥운동이었다. 이 운동은 농지개혁으로 원래 속해 있던 교구를 떠나게 된 평신

도들 사이에서 자생적으로 생겨난 것으로서, 귀족, 농부, 노동자들이 신분을 가리지 않고 함께 하였다.

1870년대부터 신체육운동이 스톡홀름과 요테보리 등 도시 지역을 중심으로 활발하였다. 대체로 근로자 계층에서 많이 참여하였으며 조정협회, 스키클럽 등에서 대회도 조직하였다. 지방의 성직자나 교사 등 보수 인사들은 '경쟁'을 중시하는 새로운 스포츠 문화를 경원시하였으나 운동에 열성적인 이들은 스포츠가 인격 형성에 기여하며 국민 체육이 갖는 군사적인 의미에 대해서도 긍정적인 태도였다.

이와 같은 애국적 이데올로기를 사격협회 운동도 공유하였다. 국방을 전통적 군대 조직에만 의존할 것이 아니라 스위스의 민병대와 같이 국민이 자발적으로 무장 태세를 갖춘다는 정신으로 확산된 운동이었다. 1860년대 중반 240여 사격협회는 모두 33,500명의 회원을 두고 있었다. 매년 스톡홀름에서 열린 사격대회는 많은 국민의 관심을 모았다.

한편 소비조합 운동이 체계화되었다. 소비조합은 1867년부터 각 지방별로 조직되었으나 약 30년 후 전국에 산재한 조합을 아우르는 소비조합연맹 Kooperativa förbundet, KF이 출현하였다. 소비자 보호를 위한 사회운동으로 출발하였으나 KF의 사업 영역이 도·소매업뿐 아니라 제조업으로도 확장되며 대단위 기업체로서 시장에서 상당한 영향력을 갖게 된다. 식품과 생활용품 시장에서 사기업의 영리 일변도 경향을 견제하며 전체적으로 건전한 시장 여건을 조성하는 데 이바지하였다.

KF의 이상은 홍보 및 교육 활동에 반영되어 조합이 거둔 잉여 수익의 상당 부분을 대중교육을 위한 스터디 서클 활동, 다양한 강연과 세미나 개최 등에 사용하였다. 다른 사회운동 단체들도 이와 같이 대중교육Folkbildning에 적극적이었다. 초기에는 민중 계몽운동의 성격을 지녔던 이런 활동이 체계화되며 점차 학교나 대학의 정규 교육 과정을 보완하는 사회적 기능도 수행하게 된다.

노동운동 같은 경우는 이웃 독일과 덴마크의 영향을 받으며 1870년대부터 조직화하였다. 점차 전국적인 연맹으로 발전하였으며 사민당과 연대하여 막중한 사회적, 정치적 영향력을 갖게 된다.

이들 국민운동에 참여한 이들은 여러 운동에 동시에 활동하는 경우가 많았다. 예를 들면 1900년경 노동운동의 선두에서 활동하던 인사들 중 약 절반 이상이 다른 운동, 특히 금주운동에 적극적이었다. 그리고 국민운동은 정치권과도 자연스레 연계되었다. 1917년 당시 하원의원의 64%에 달하는 147명이 금주운동에 참여하고 있었다. 1920년에 이르러서는 전 성인 인구의 약 1/4이 이 같은 조직의 회원이었으며 더 많은 사람들이 이와 직·간접적으로 인연을 맺고 있었다.

여러 국민운동을 관통하는 사상은 자유주의와 계몽주의였다.

국민들의 자발적인 관심과 참여로 사회의 개량을 도모할 수 있었으며 이런 노력을 통해 공동체의 발전을 이루겠다는 정신이었다. 그리고 다양한 조직 활동의 장은 민주주의의 실험실이자 교육장이었다. 서로를 존중하며 상대방의 의견에 귀 기울이는 협의 민주주의 문화가 성숙해 갔다.

사회 통합의 비전vision

국민운동의 전성기에 많은 자선단체가 생겨났다. 대체로 중산층 출신 인사들이 중심이 되어 빈민을 구제하고 이들이 변화하는 사회에 적응할 수 있도록 계몽한다는 취지였다.

전통 사회에서 생활이 어려운 이들을 보살피는 일은 교구회敎區會의 임무였다. 소단위 지역 사회의 문제를 국왕의 뜻을 받들어 교구 목사의 지도 아래 공동 해결한다는 윤리였다.

이제 자생적인 자선단체들이 교구회의 이런 사회적 역할을 대신 맡게 된다. 이들의 활동이 확산되던 1870년대의 지배적인 관념은 빈곤은 개인적인 문제이며 어려움에 빠진 개인이 자의식을 회복하여 자립을 위해 노력한다면 문제는 해소될 수 있다는 것이었다. 자선사업가의 역할은 이런 개인을 경제, 사회적 재활로 인도하는 데 있었다.

그런데 산업화, 도시화 시대가 안게 된 사회적 불균형 문제는 빈민구제의 방식만으로는 해소될 수 없었다. 다수 대중의 삶이 열악하게 된 원인을 밝혀 이를 예방해야 한다는 견해가 대두되었고 전혀 새로운 문제의식으로 전 사회적 지혜를 동원해야 한다는 인식이 확산되었다.

미래의 새 공동체 안으로 빈곤 근로자 계층을 통합해 들여야 한다는 과제가 설정되었다. 빈민 구호의 차원을 넘어 하층민도 생산적인 경제 주체, 사회적 책임을 다하는 시민으로 참여할 수 있는 여건을 조성해야 한다는 주장이었다.

이런 사회 통합의 비전 vision을 홍보하며 여론을 형성하고 정부에 영향력을 행사하기 위하여 사회사업중앙연합 Centralförbundet för socialt arbete, CSA이 조직되었다. 사회 각계의 인사들이 대거 참여하여 다양한 시민운동 단체들을 연계하는 중심 기구가 되었다. CSA에는 구스타브 카셀 Gustav Cassel을 비롯한 경제학계의 중진들, 사민당 대표 브란팅 Hjalmar Branting, 훗날 스톡홀름대학교의 초대 사회연구소장을 역임하고 온건당 대표로 활동하는 요스타 바게 Gösta Bagge, 그리고 다수의 사회운동가들이 참여하였다. 이들은 빈곤한 근로자 계층의 사회·경제적 여건 개선, 대량 실업의 해소와 예방, 주거 및 보건 시설 향상 등의 과제를 풀어나가기 위해 정부의 적극적인 대책을 촉구하였다.

한편 미래 사회 건설을 위한 젊은이들의 책무를 강조하기도 했다. 사회 상층부와 근로 계층과의 화합을 도모하는 일은 청년 지식인들의 몫이라고 하였다. 지도층의 사회적 책임에 대한 의식을 일깨우는 한편 근로자들도 스스로를 도야할 수 있도록 지원해야 할 것으로 보았다. CSA와 많은 시민운동가들이 빈부의 양극兩極으로 갈라진 사회가 아닌 하나의 문화공동체 속에서 계급 개념이 해소되는 미래를 내다보았다. 사회 계층 간 대화가 이루어지며 서로 배우는 과정에서 국민 문화의 유산을 재발견할 수 있을 것으로 보았다.

이렇게 국민공동체를 강조하는 담론은 계층과 정당 간의 타협과 협력 분위기를 조성하는 데 기여하였으며 이 정신이 스웨덴 사회정책의 기반을 이루게 된다.

기업계에서도 국가의 역량을 집결시킬 수 있는 계층 간의 협력과 공동체 정신의 발양을 희망하였다. 특히 1909년의 대파업 이후 전 사회적 화해와 노사 갈등의 방지를 위해서도 민주화 개혁이 바람직하다는 견해가 확산되었다.

1909년 남자의 보통선거권을 인정하는 개혁이 이루어지고 2년 후의 총선에서 자유당이 하원의 다수당이 되었다. 스타프Karl Staaff 수상이 이끄는 정부에서 사회사업청 Socialstyrelsen이 신설되었는데 이는 실업 문제의 해결과 근로자의 처우 개선을 위해 정부가 적극 나서야 한다는 여망이 반영된 결과였다.

사회사업청의 정책 결정 과정에 기업과 노조가 참여하도록 하여 양측 간 신뢰를 쌓을 수 있는 대화의 장이 마련되었다. 전통적 공동체 정신을 정부의 정책 과정에 들여온 것이었다. 곧 근로자보호법과 농민토지보호법이 보강되고 기초적인 국민연금법이 제정되었다.

1920년 사회부 Socialdepartmentet가 들어서며 정부 내 사회정책 부문이 강화되었다. 정부의 정책을 학문적으로 뒷받침할 수 있도록 스톡홀름대학교의 사회학 교수직이 1911년에 신설되었다. 이후 사회연구소 Socialinstitutet도 설립되어(1922)사회사업 현장에서 일할 전문가와 행정가를 양성하게 된다. 전향적 사회정책이 입안되고 집행되는 과정에서 정부, 대학, 연구소, 그리고 여러 사회단체들이 긴밀히 협력하였다.

스톡홀름학파

경제학계에서는 전향적 사회정책 추진을 위한 이론적 바탕을 제공하였다. 1930년대 초반 원로 경제학자 빅셀 Knut Wicksell을 중심으로 미르달 Gunnar Myrdal, 린달 Erik Lindahl, 헥셔 Eli Heckscher, 울린 Bertil Ohlin, 바게 Gösta Bagge 등 중진들이 국제 경제 상황과 정부 정책을 연구, 토론하는 경제학 클럽을 조직하였다. 나중에 함마쉴드 Dag Hammarskjöld도 가담하게 된다. 이들이 정책의 새로운 방향을 제시하는 연구 실적을 내놓으며 스톡홀름학파 Stockholms-skolan로 불리게 된다.

스웨덴은 선진 공업국의 대열에 서 있었다. 당시 산업화를 이룬 나라들로 스웨덴을 포함하여 영국, 미국, 프랑스, 독일, 벨기에, 네덜란드, 일본 등 열 손가락 안에 꼽을 수 있는 정도였다. 이들의 경제가 1929년 뉴욕 증권시장 공황으로 초래된 혼돈의 터널을 빠져나오고 있는 중이었다.

스웨덴은 1920년대 중 산업 체제가 대폭 개편되었고 금융제도도 정비된 편이어서 미국이나 독일에서와 같은 대혼란을 겪진 않았다. 어느 나라보다 먼저 불황의 고비를 넘기며 새로운 사회·경제 정책의 장을 열어갈 수 있었다. 이를 위한 이론적 기반을 스톡홀름학파 경제학자들이 제공하였다.

이들이 특히 주목했던 문제는 대공황에 따른 유럽 주요국들의 통화정책 변화와 국제무역의 동향이었다. 영국은 1931년 금본위제도를 포기하였으나 독일과 프랑스는 그 반대의 길을 택하여 극심한 불황에 빠져들었다. 국제경제의 미래를 예측하기 어려운 상황에서 스웨덴이 취해야 할 정책에 대한 연구가 진행되었다.

린달의 저서 『통화정책의 수단 Penningpolitikens medel』이 발간되고 미르달이 『통화위기와 스웨덴의 길 Sveriges väg genom penning-skrisen』이란 책자를 내놓았다. 통화정책과 경기의 상관관계에 관한 이러한 연구가 정부의 사회정책을 뒷받침하게 된다.

이후 새로운 예산 편성의 방식이 제시되었다. 국제적으로 통용되던 이론에 따르면 정부로서는 당해 연도의 세입과 세출이 균형을 이루도록 예산을 편성하는 것이 당연했다. 그런데 스톡홀름학파에서 '새로운 균형'의 개념을 내놓았다. 일정한 경기 주기에 걸친 장기 균형을 기준으로 삼아 단기 적자 예산의 편성이 합당할 수 있다는 견해였다.[4]

예산을 경상예산과 자본예산으로 구분하였다. 경상예산은 정부의 통상적인 지출을 충당하기 위하여, 그리고 자본예산은 '생산적 투자를 목적으로' 책정할 수 있다고 보았다. 따라서 자본예산은 단기적 균형의 기준에 얽매이지 않고 차용 등의 방식으로 조달할 수 있을 것으로 전망하였다.

이와 같은 예산 개념을 바탕으로 전향적 사업의 추진을 위한 예산의 확대 편성이 합리적일 수 있었다. 물론 '생산적 투자를 위한 지출'은 그 투자의 과실이 중장기적으로 투자 원금과 이자를 충당할 수 있어야 할 것이었다.

젊은이들과 근로자들의 건강과 교육, 가족복지의 향상을 위한 지출은 국가 노동력의 질과 생산성을 높이므로 자본예산의 범주에 포함될 수 있었다. 이와 같은 논리가 1933년 1월 사민당·농

---

4 스웨덴은 체계적 이론을 근거로 의도적으로 적자 예산을 편성한 최초의, 당시 유일한 나라였다.

민연합 연립정부가 의회에 제출한 정부사업제안서에 포함된 재정 운영 방침의 근간을 이루었다. 이 제안서에 미르달 교수가 집필한 『경기 정책과 재정 운영 Konjunkturpolitiken och offentlig hushållning』을 첨부하였다. 한편 스톡홀름학파와 정부 인사들 간에는 정책 연대가 형성돼 있었다. 당시 재무장관이었던 비그포스 Ernst Wigforss는 자신이 경제학자 출신이었다.

정책의 우선적인 목표는 실업 문제 해결이었다. '단기 적자 - 장기 균형'의 이론에 근거하여 사회 인프라 구축 등 공공사업의 규모를 확대하고 경제 불황 시에도 근로자에게 정상 임금을 지불하는 방침을 포함하였다. 단 예산 집행에 있어 불요불급한 지출은 없을 것이며 최대한 절약한다는 원칙을 다짐하였다.

불황기에 재정 지출을 확대하여 경제에 활력을 불어넣을 수 있다는 이론은 케임브리지대학의 케인즈 J. M. Keynes 교수가 1936년 『고용, 이자, 화폐에 관한 일반 이론 The General Theory on Employment, Interest and Money』을 출간하여 세상에 널리 알려지게 된다. 흔히 케인즈 학파의 것으로 알려진 이 이론은 스톡홀름에서 먼저 체계화되고 정책에 응용되었던 것이다.

케인즈 이론이 영국의 경제·사회 정책에 실질적 영향을 미친 것은 제2차 세계대전 후였다. 영국 사회복지정책의 설계자로 알려진 윌리엄 베버리지 William H. Beverage는 전후 스웨덴 사회정책의 현장을 시찰하며 자국의 정책을 구상하였다.

미르달Myrdal: 「인구 문제의 위기」

경제학자 카셀Gustav Cassel은 사회 모든 구성원이 상호 의존하는 분업 체제 속에 살고 있다고 하였다. 모든 국민이 공동체 의식과 연대감을 가질 때 건전한 삶의 터전이 조성될 수 있을 것으로 보았다. 그리고 근로자 계층의 사회적 역할에 대한 새로운 인식을 촉구하였다. 사회의 뿌리를 이루는 이들이 건강해야 지속 가능한 발전이 이루어질 것으로 전망하였다.

훗날 노벨경제학상을 수상하는 군나르 미르달이 그의 부인 알바 Alva Myrdal와 함께 카셀의 논리를 한층 더 발전시켰다. 1934년 발간된 역작 『인구 문제의 위기 Kris i befolkningsfrågan』에서 시대가 안고 있는 문제를 심층 분석하며 적극적 사회정책을 건의하였다. 그 내용이 우리의 향후 정책을 위해서도 시사하는 점이 많아 그 요지를 살펴보기로 한다. 미르달 부처는 인구를 국가 인적 자원의 총체로 이해하여 다음과 같이 논구하였다.

스웨덴의 경제와 산업이 발전하고 있으나 지속 가능한 성장을 이루자면 생산 자원의 거시적 재결합이 필요하다. 생산 요소 중 가장 중요한 인적 자원을 합리적으로 관리하는 일이 사회의 성패를 가른다. 생산적 인적 자원이 계속 공급돼야 하는데 이는 인구가 증가해야 가능하다. 그런데 빈곤한 다수의 낮은 생활수준을 그대로 둔 채 지속적인 인구 증가를 기대할 순 없다. 이들의 생활 여건을 개선하면서 그 잠재력을 충분히 개발해 나가야 인구가 증가할 수 있고 경제도 발전할 수 있다.

성장 지향적 적극적 산업정책을 추구할 때 이는 다수 대중을 대상으로 하는 사회정책과 불가분의 관계에 있다. 국가 사회는 생산 조직이며 미래 산업사회의 생산 활동에는 새로운 인간형이 요구된다. 조직 구성원의 자기 존재에 대한 의식의 수준과 업무 역량이 조직의 원활한 작동을 위해 중요하다.

각 개인이 자신의 위치와 역할을 충분히 이해하고 사명감을 갖고 역량을 발휘할 수 있어야 한다. 때로는 낙오자도 생길 것이다. 사회 환경의 결함이 그 원인일 수 있다. 낙오자의 양산을 막기 위하여 국가의 사회교육, 사회정책이 중요하다.

국가가 목적의식을 갖고 국민을 계몽하고 양성해야 한다. 국민 건강과 의료 여건이 개선돼야 하며 이에 관한 면밀한 조사와 통계를 기초로 예방적 사회 개량 정책이 수립되어야 한다. 이는 곧 인구 전체가 처한 여건을 개선하는 '사회교정'으로 이해할 수 있다.

이와 같은 임무를 수행할 수 있는 심리치료사, 상담사들이 국민의 교육자이자 양육자이다. 이들 전문가를 양성할 수 있는 행동과학 Behavioral Science 교육 체제가 정비되어야 한다.

지식인은 사회공학 Social Engineering으로써 정치에 기여해야 한다. 사회정책을 집행하는 것은 정부와 지방행정기관이며 그 전문화와 관료화가 필수적이다. 이들 전문 관료는 합리주의적 정신, 지식, 투철한 시민의식과 사명감으로 삶의 근대화에 참여한다는 사회철학으로 무장되어야 한다.

미르달 부처는 교육학, 사회심리학 등 여러 분야의 연구에 기반을 둔 사회정책의 개발을 역설하였으며 지식과 과학의 힘으로 사회를 개조해 나갈 수 있다고 보았다. 이들의 사상은 시대정신의 형성에 심대한 영향을 주었다.

세계경제가 불황과 대량 실업을 겪은 터에 국가 인적 자원의 의미를 새롭게 논구하였으며 대중을 혼을 지닌 국가 구성원으로 이해했다. 경제·사회 발전과 생산성 향상을 위하여 합리적으로 사회를 조직하는 일은 인구 전체의 질을 향상시킴으로써 가능하다고 보았다.

『인구 문제의 위기』는 스웨덴 사회가 당면한 문제의 심각성에 대하여 지식인과 일반 국민의 의식을 일깨웠다. 그 정치적 영향력이 적지 않아 지식인들 사이에서는 다양한 분야에서 정책 개발에 기여하려는 분위기가 조성되었다. 또한 이 연구는 보수 계열 정당들도 정부의 사회정책을 지지하게 하는 호소력이 있었다. 훗날 복지 제도 확장기에 수상직을 역임하는 에르란더 Tage Erlander는, 미르달이 그때까지 보수층에 결집 동기를 제공했던 인구 문제 논의를 사회정책의 보편적 이론으로 발전시킨 것에 대해 높이 평가하였다.

새로운 공동체를 지향하는 집단이성

다양한 국민운동, 그리고 스톡홀름학파와 미르달 부처가 스웨덴 사회정책의 형성에 기여한 바를 되돌아보며 특히 다음과 같은 면이 뇌리에 남는다.

i. 시민사회의 계몽운동이 여론을 형성하고 학계와 정부 간의 정책 연대를 통해 지속 가능한 사회정책이 개발되었다.

ii. 기존 사회 지도층과 성장하는 근로자 계층이 함께 공동체 문화의 유산을 이어가자고 하였다. 계급으로 분열된 사회가 아닌 국민 모두가 능동적 주체로서 함께 발전해 나가는 미래를 전망하였다.

iii. 미래 사회에 기여할 새로운 인간형을 그렸다. 각 개인이 자부심과 사명감을 갖고 자신의 역량을 발휘하는 공동체를 지향하였다.

우리 사회에서도 '경제민주화' 혹은 '포용국가'를 지향해야 한다는 논의가 있다. 그런데 이와 같은 개념이 선거 운동 중 등장하였다가 나중엔 빛을 잃게 되거나 정책 홍보 구호로 부상하였다가 지속 가능한 정책으로 발전하지 못하는 문제들이 있었다.

　스웨덴의 경험에 비추어 다음과 같은 접근 방식이 바람직할 것으로 여겨진다.

가. 우리의 현재와 지향하고자 하는 미래에 대한 거시적인, 철학적인 논의가 있어야 한다.

나. 이 바탕 위에 우리 사회가 당면한 가장 중요한 문제(이를테면 청년실업)에 초점을 두고 그 해결을 위한 국가 자원 동원 방식에 대해 전 사회적 연구와 협의, 그리고 여·야 간의 심의와 조정을 거쳐 정책을 입안한다.

다. 사회 문제와 그에 대한 대책을 논의함에 있어 국민 화합과 사회 통합을 강조하며, 국민을 구제하거나 보호해야 할 피동적 대상이 아니라 사회 발전에 참여하는 능동적 주체로 설정한 스웨덴의 지혜를 귀감으로 삼을 만하다.

노사 협력

"스웨덴 산업이 국제경쟁력을 강화하며 발전해 나가는 가운데
근로자의 생활수준도 향상될 것으로 기대하였다."

노동조합의 출현과 발전

'노사관계'라는 말은 이제 스웨덴에서 그리 중요한 화두로 등장하지 않는다. 아마도 큰 문젯거리가 되지 않기 때문일 것이다. 기업과 노조 간의 자율적인 협상이 대체로 원만하게 관리되고 있다. 그러나 이러한 문화가 형성되기까지의 과정이 순탄치만은 않았다.

역사적으로 유럽 중세기의 경제·사회 체제에서 고용주와 근로자 간의 관계는 가부장적 질서 속에서 유지되었다. 수공업을 경영하는 고용주는 자신이 거느리는 도제를 교육하고 돌보는 의무를 지고 있었다. 농장에서는 농장주와 그의 아내, 그리고 그 아래 근로자들이 대가족과 같았다. 소규모 공장의 조직도 공장주와 직원이 서로에 대한 의무와 충성심으로 결속된 작은 공동체였다. 개개인은 서로 의존하고 신뢰하는 인간관계를 유지하며 자신의 본분을 지켰다.

산업자본주의 시대가 열리며 근로자들은 새로운 환경에서 삶을 영위하게 된다. 산업화 초기의 임금 수준과 근무 환경은 온전치 못하였으며 도시나 공장 지대의 노동자 주거 여건은 열악하였다. 차츰 노동조합을 조직하여 근로 조건과 사회적 입지의 개선을 요구하게 된다. 1860년대부터 사업장별로 노조가 생겨나고 대개 과거 수공업에 종사하던 이들이 이제 공장의 숙련 노동자로서 노조 활동을 주도하였다.

1882년 여름 남부의 산업도시 말뫼 Malmö에서 조직된 한 목재
공 조합은 다음과 같은 목표를 천명하였다.

i.   단체 협상을 통하여 근로자의 경제적, 정치적 입지 개선
ii. 산업·경제 질서에 기여
iii. 근로자와 고용주의 이익 보호
iv. 직업 숙련도 증진
v.   가능한 한 파업 방지
vi. 근로자의 교육과 금주 실천에 대한 관심 환기

상호 협력하여 공동선을 도모한다는 전통적인 협업의 문화와 계
몽적 노동운동의 정신을 읽을 수 있다.

초기의 노동조합은 중부와 남부 지방에서, 특히 말뫼와 같은
산업 도시에서 성장하였다. 스웨덴 노조운동의 시조로 알려진
아우구스트 팜 August Palm은 재단사 출신으로서 독일과 덴마크
에서 사민주의 사상을 접하였으며 고국으로 돌아와 전국을 순회
하며 노조운동을 고취하였다. 1885년 가을 스톡홀름에서 「사회
민주주의 Socialdemokraten」라는 신문을 창간하였다.

사업장별로 조직된 노동조합들이 점차 전국적 연맹으로 통합
되었다. 1886년 식자공연맹, 1887년 도장공연맹, 1888년 철강금

속연맹, 1889년 목재공연맹 등이 조직되었으며 19세기 말까지 모두 32개의 산업별 노조 연맹이 결성되었다. 1898년 모든 산업별 노조를 아우르는 조직으로 전국노조연맹 Landsorganisationen, LO이 출현하였다.

노동조합의 이러한 발전에 대응하여 1902년 스웨덴고용주연합 Svenska arbetsgivareföreningen, SAF이 등장하였다. 한국의 전국경제인연합회(전경련)에 해당하는 단체이다.

단체 협상의 중앙화

노동조합의 존재는 기업주들도 긍정적으로 보았다. 단체 협상에 임하는 노조 지도자들은 성실하고 합리적이었으며 체계적인 노사 협상은 노동자의 근로 의욕을 고취하는 효과도 있었다. 임금 인상 등 근로 조건의 개선에 상응하는 노동 생산성의 향상을 위해 노조 지도자들의 역할이 중요했다. 금주운동에 동참하는 근로자들도 늘어났다.

임금 협상은 개별 사업장 단위나 산업 분야별로 이루어졌으나, LO와 SAF가 조직된 후 협상이 중앙화하는 경향이 나타났다. 1905년 제조업 전 분야를 아우르는 단체협약 Verkstadsavtalet이 체결되었다. 이 협약은 모든 제조업체에 적용될 시간당 임금 기준,

임금 책정 규범, 근로 조건 등을 규정한 것으로서 다른 산업 부문의 임금 협상에도 영향을 주게 된다.

이듬해 말 LO는 기업주의 생산 활동을 조직하는 권한을 인정하고 SAF는 노조의 단결권을 인정하는 기본 협약이 맺어졌다. 여기서 '생산 활동을 조직하는 권한' 중 중요한 것이 근로자를 채용하고 해고하는 권한이었다.

이것이 문제가 된 것은 노사 분규가 발생하였을 때 파업에 참가하지 않는 제3자를 기업주가 채용할 수 있다는 것을 의미했기 때문이다. 일부 기업의 노조가 이 조항에 대한 반대 의사를 굽히지 않았으나 LO는 향후 전국적인 노사관계를 관리한다는 시각에서 SAF의 요구를 받아들였다.

그러나 이런 협약이 모든 노사 간의 갈등을 해결하지는 못하였다. 1909년 일어난 대파업은 국가 경제 상황에 대한 인식의 차이에서 비롯되었다.

스웨덴의 대기업들은 해외 시장의 상황 변화에 민감하지 않을 수 없다. 당시 국제 경기 여건이 어려워지며 철강, 펄프, 섬유 부문의 기업들이 임금 인하 방침을 밝히자 노조가 이를 거부하였고 SAF 측에서 전략적 직장폐쇄 lockout로 노조를 압박하자 LO는 8월 대파업을 선언하였으며 약 330,000명의 노동자들이 파업에 동참하였다.

LO는 이 상황을 장기간 끌고 갈 수 없었다. 파업 노동자들의 임금 손실을 보전할 수 있는 재원이 부족했으며, 결국 노동자들이 직장에 복귀하도록 권유하며 사태를 수습하였다.

'살트쇠바드 정신'

제1차 세계대전 후 1920년대 초반 세계 경제가 불황에 빠졌다. 중반기에 일시 회복세를 보였으나 1929년의 뉴욕 증권시장 공황의 여파로 국제 경기가 다시 악화되었다. 이런 상황에서 스웨덴의 노사관계도 평온하지 못했으며 파업과 직장폐쇄가 반복되었다. 분규가 거듭되는 가운데 기업주와 노조는 이와 같은 갈등에 승자가 있을 수 없다는 것을 깨닫게 된다.

1932년 사민당과 농민연합의 연립내각이 출범하였다. 한손Per Albin Hansson 수상이 이끄는 정부는 적극적 사회정책을 구현하기 위해서는 노사관계의 안정이 불가피하다고 보았다. 한편 경제·사회 상황의 악화가 나치 정권의 등장을 초래한 이웃 독일의 예는 자유 사회 스웨덴에게 큰 경종을 울렸다.

한손 수상은 SAF와 LO가 노사관계의 안정을 위해 상호 협력하도록 종용하였다. 양측이 자율적으로 타협을 이루어내지 못한다면 정부가 입법 조치를 통하여 노사관계를 규율할 수 있을 것이라며 설득했다.

정부의 개입은 SAF와 LO 양측 다 바라던 바가 아니었다. SAF
는 노동시장이 법적 규제의 대상이 되는 것을 원치 않았고 LO
와의 협상을 통해 기업 환경이 호전될 수 있을 것으로 보았다.
LO의 입장에서도 과거의 경험에 비추어 SAF와의 합리적인 타
협이 가능할 것으로 기대하였다. 정부의 사회정책이 순조로이 추
진될 수 있도록 평온한 노동시장 환경의 조성을 위해 협력하려
는 자세였다.

장기간의 협상 끝에 SAF와 LO는 1938년 스톡홀름 근교 휴양
지 살트쇠바드 Saltsjöbad에서 향후 이 나라 노사 협력 문화의 초석
이 되는 기본합의서에 서명하였다. 노사 분규가 발생할 경우 일정
한 협상 절차에 따라 문제를 해결하도록 규정하였다.

SAF와 LO의 대표들이 참여하는 중앙노동시장위원회를 설치
하여 여기서 분규의 성격과 본질에 대하여 협의하도록 하였다.
파업이나 직장폐쇄 lockout의 수단을 동원하기 어렵도록 만든 것
이었다. 위원회는 갈등의 확대를 막고 문제가 법적인 분규로 확대
되지 않도록 조정하는 노사 간 대화의 장이 된다.

노사 양측의 의식과 사고 구도가 상호 협력 문화의 형성 바탕
이 되었다. SAF 측은 LO를 파트너로 하는 협상을 긍정적으로 평
가하였다. 노사관계를 전국적 차원에서 협의하는 체제가 마련되
어 기업들이 부담해야 할 비용의 장기적인 계상이 가능하였다.
그리고 LO와의 협상은 노사 갈등의 경향을 줄이고 대체로 임금

인상률도 낮추는 효과가 따랐다. 또한 교섭 창구가 단순화되어 협상에 따르는 비용이 절감되었다.

한편 LO의 지도층은 스웨덴 산업이 국제경쟁력을 강화하며 발전해 나가는 가운데 국가 경제가 성장하며 근로자의 생활수준도 향상될 것으로 기대하였다. 기업 경영 합리화와 기술 향상을 통해 국민 경제의 밝은 미래가 열릴 것으로 전망하였다. 이와 같은 경제·사회 비전 vision 을 근로자들도 공유하였고 정부가 추진하는 사회정책에 대한 믿음과 희망이 있었다.

살트쇠바드 기본협약을 보완하는 부속합의서들이 단계적으로 채택되었다. 1941년 근로자보호협정, 1944년 근로자연수협정, 1946년 기업위원회협정, 1948년 근로학습협정 등 근로 조건과 근로자의 자질 및 지위 향상을 위한 합의들이었다. 이와 같은 과정을 통해 노사 간 서로를 존중하며 협력하는 문화가 형성되었다. 이를 스웨덴인들은 살트쇠바드 정신 Saltsjöbadsanda 이라고 한다.

살트쇠바드 협약이 맺어진 이후 약 반세기 동안 스웨덴 노사관계의 안정에 기여한 중앙화된 단체 협상 체제는 1980년대 이래의 산업구조 개편으로 이제 스웨덴에서도 유지하기 어렵게 되었다. 그러나 이 같은 노사협력 문화의 조성을 가능하게 한 기본 정신은 아직도 온전하며 LO와 SAF의 사회적 역할도 여전히 중요하다.

우리는 SAF와 LO가 경영계와 노동계를 대표하는 전국적 조직으로서 스웨덴 산업의 국제경쟁력 강화와 노동시장의 안정을 함께 책임져 왔다는 사실을 주목할 만하다.

두 조직은 각기 산하에 연구기관을 두고 국제경제의 추이, 세계시장에서의 스웨덴 산업의 위상, 국가 경제가 나아갈 방향에 대해 깊이 있는 보고서를 정기적으로 생산한다. 이 보고서들이 집단적 이성의 작동을 가능하게 하는 데이터베이스라고 할 수 있을 것이다. 이런 바탕 위에 노사 간 합리적인 대화가 이루어지고 타협과 합의가 가능하였다.

렌-메이드너 모델Rehn-Meidner Model

1932년은 스웨덴 정치·사회사史의 한 분수령을 이룬다. 사민당·농민연합 연립내각이 출범하며 시장경제 체제에서 발생하는 사회적 문제들을 완화 혹은 해소하기 위한 '사회정책'이 펼쳐지게 된다. 앞에서 살펴보았듯이 전국노조연맹 LO과 고용주연합 SAF 간의 협력 구도가 자리 잡아갔고 이 두 전국적 조직은 정부와도 긴밀한 관계를 유지하며 국정 운영의 동반자 역할을 하였다.

1930년대 중반 스웨덴 경제는 어느 나라보다 먼저 뉴욕 증시 공황으로 촉발된 불황의 늪을 벗어났다. 경제가 계속 성장세를 유지하는 가운데 정부의 '사회정책'도 점차 확대되었다.

제2차 세계대전의 참화에 뛰어들지 않아 이와 같은 정책 기조가 지속 가능하였다.

전후 스웨덴 경제·사회정책의 가장 중요한 목표는 완전고용을 달성하며 인플레를 억제하는 데 있었다. 높은 고용 수준이 유지되어야 정부의 재정도 건전할 것이며, 그래야 사회정책의 확대가 가능할 것이었다. 그리고 과도한 인플레는 서민 경제에 부담을 지울 뿐만 아니라 정부 재정 운영을 어렵게 하고 산업의 국제경제력을 약화시킬 수 있었다.

세계 경제의 호황이 계속되는 가운데 완전고용을 달성하는 데는 큰 어려움이 없을 것으로 보였다. 주력 산업인 삼림 및 철강 분야의 강한 국제경쟁력이 이를 뒷받침하고 있었다. 이런 배경에서 산별 노조와 LO 내에서는 상당한 수준의 근로자 임금 인상을 기대하는 분위기가 조성되었다.

그러나 정부와 정치권에서는 연쇄적인 임금 인상은 인플레를 촉발할 수 있을 것으로 우려하였다. 한손 수상이 1946년 서거한 후 사민당 정부를 이끌고 있던 에르란더 Tage Erlander 수상은 LO에게 과도한 임금 인상 요구를 자제할 것을 당부하였다.

사민당과 LO 간의 3년간에 걸친 조정 끝에 1951년 LO 총회에서 '렌-메이드너 모델'이 제시되었다. LO의 경제학자 요스타 렌 Gösta Rehn과 루돌프 메이드너 Rudolf Meidner가 고안한 연대 임금 정책 모델로서 향후 스웨덴 노동시장의 구조를 재편하는 지침이 된다.

이 모델의 취지는 '동일한 노동에 대하여 동일한 임금을 지불한다'라는 원칙에 따라 기업 간의 임금 격차를 최소화하는 데 있었다. 노사 간 중앙 협상에 의해 책정된 임금 수준은 모든 기업체에 적용될 것이었다.

물론 직종과 노동의 숙련도에 따라 임금 수준이 달리 책정될 것이지만 같은 질의 노동에 대하여 같은 수준의 임금을 지불한다는 원칙을 설정한 것이었다.

이 모델에서는 일정한 수준의 임금을 지불하지 못하는 기업은 퇴출될 수 있다고 가정하였다. 이 가정이 현실로 나타나는 경우 정부가 적극적 노동시장 정책으로써 실직한 근로자가 새 직장을 구할 수 있도록 지원한다는 구상이었다.

경쟁력이 낮은 기업이 낮은 임금을 지불하며 버텨나가는 것보다 일정 수준의 임금을 지불할 수 있는 경쟁력 있는 기업만이 살아남도록 하는 구조조정이 차라리 바람직할 것으로 보았다.

물론 이와 같은 정책은 스웨덴의 주력 산업이 국제 시장에서 강한 경쟁력을 유지할 수 있다는 전망이 확실할 때 가능하였다. 기업체가 구조조정을 견뎌내며 한 단계 도약할 수 있는 저력이 있다면 장기적으로 국가 산업의 체질이 전반적으로 강화될 수도 있었다.

이와 같은 긍정적 변화가 모두 이루어진다면 이 연대임금 정책은 중장기적으로 완전고용을 달성할 수 있는 최선의 전략일 수 있었다.

LO는 협상력이 약한 산별 노조가 사측과의 협상에서 보다 나은 조건을 얻어낼 수 있도록 지원하고, 상대적으로 입지가 강한 산별 노조는 신중하게 임금 협상에 임하도록 종용할 수 있었다. 전체적으로 임금인상률을 억제하며 소득 격차를 줄이는 효과가 있었다.

경쟁력이 매우 강한 산업 부문에서도 국제 수준에 비하여 비교적 낮은 임금을 지불함으로써 기업의 경쟁력이 더욱 강화될 수 있었다. 경쟁력이 상대적으로 약한 부문에서는 기업 체질을 강화하기 위해 노력하였다.

렌-메이드너 모델은 성공적이었다. 철강, 목재를 기반으로 하는 스웨덴 주력 제조업은 국제 시장에서 강한 경쟁력을 유지하였다. 1970년대 초까지 높은 경제성장률을 기록하며 노동 생산성도 전반적으로 향상되었다. 연대임금제는 남녀 간의 임금 격차를 줄이는 효과도 있었다.

모델의 수정

그런데 1970년대 중반의 세계 석유 파동 이후 사정이 달라지기 시작했다. 1980년대에 들어와 동아시아 경제권의 부상, 중국의 개혁·개방, 금융 자유화 등으로 세계 경제의 구조가 재편되는 가운데 스웨덴 산업에서 국제경쟁력이 강한 부문과 그렇지 못한 부문이 나뉘어 나타났다.

기업의 입장에서 국제경쟁력을 강화하기 위해서는 생산성이 높은 노동력을 확보하는 것이 중요했다. 연대임금제로 고학력자의 임금이 국제 수준에 비하여 낮게 책정돼온 관행을 유지하기 어렵게 된 것이다. 이 문제는 특히 스웨덴이 1995년 유럽연합The European Union, EU에 가입하며 더 두드러진다.

1983년 스웨덴 제조업연합Verkstadsindustriföreningen, VF이 금속노조연맹Mettalarbetarförbundet과 별도의 임금 협약을 체결함으로써 단체 노사 협상의 탈중앙화가 가시화되었다. 렌-메이드너 모델의 수정이 요구되기 시작한 것이다.

이에 따라 이듬해부터 모든 산업 부문에서 산별 임금 협상이 진행되었다. 이후 협상의 중앙화 체제를 복원하려는 시도가 있었으나 1990년대 초에 이르러 산별 협상 체제가 자리 잡게 된다.

세계화 경제 속에서의 국제경쟁 격화, 스웨덴의 EU 가입에 따른 인력 유동성 증가 등의 요인으로 전통적 연대임금제는 수정이 불가피하였다.

스웨덴 모델의 교훈

살트쇠바드 정신을 기본 동력으로 렌-메이드너 모델이 나오고 그
것이 성공적일 수 있었던 환경과 이후에 수정될 수밖에 없었던
여건을 다시 돌이켜 보면 우리에게 참고가 된다.

i. 렌-메이드너 모델의 배경과 주안점

이 모델은 1950년대 유럽 경제가 유례없는 호황을 누리며 스웨덴 경
제가 완전고용을 구가하던 때에 나왔다. 그 주안점은 전체적으로 임
금인상률을 억제하여 인플레를 방지하고 스웨덴 산업의 국제경쟁력
을 강화하는 데 있었다.

ii. 모델의 성공 조건

이 모델은 전국노조연맹과 스웨덴고용주연합 간의 자율적인 노사
협력 문화가 성숙된 여건에서 이 두 전국적 기구 간의 중앙화된 임
금 협상 체제가 정착돼 있어서 운용 가능하였다.

iii. 모델의 적용 대상

이 모델이 적용될 주요 대상은 경쟁력 높은 수출 산업 부문과 그
에 직·간접적으로 연관된 직종이었다. 그 외의 직종에서는 노사관
계가 자율에 맡겨졌다. 그리고 기업의 구조조정에 따르는 일시적

실업 문제를 정부가 흡수할 수 있는 든든한 사회안전망이 구축되고 있었다.

iv. 모델의 수정

1980년대 이후 경제가 세계화하는 가운데 스웨덴도 렌-메이드너 모델을 유지하기 어렵게 되었다. 주력 수출 산업 분야에서 구조조정이 이루어지고 많은 신생 기업들의 활동 양상도 매우 다양해졌다. 노동력의 유동성이 증가되고 전체적으로 고용 수준은 낮아졌다. 이제 자율적인 노사협력을 통해 경제의 활력을 유지하고자 한다.

이와 같은 스웨덴의 경험을 돌이켜 보면 렌-메이드너 모델을 지금의 한국에 적용할 수 없다는 것이 명백해 진다. 지금 우리의 경제·사회 사정은 이 모델이 나온 당시의 스웨덴 여건과 매우 다르다. 이 맥락에서 한국의 노사관계와 정부의 임금정책이 안고 있는 다음과 같은 문제가 두드러진다.

가. 노사관계의 정상화 과제

한국은 노사협력 문화가 형성되지 않았다. 불안정한 노사관계는 한국 산업의 국제경쟁력을 약화시킨다. 기업가들이 해외로 투자처를 찾아 나서고 외국인 투자가들은 한국에서의 사업을 거두어들인다. 고용주와 근로자 간의 합리적인 대화를 유도하는 정부의 노력과 제도적 장치가 요구되고 있다.

전국적 노조연맹과 경영자 단체 간의 거시적 협력 구도가 형성되어야 할 것이다. 경영자 단체(예: 전경련)와 노조연맹(예: 한국노총)이 각기 세계 경제 상황, 국제 시장 동향, 한국 산업과 경제·사회의 현황과 과제, 그리고 향후의 바람직한 전략에 대한 보고서를 작성하여 이를 바탕으로 건설적 노사관계 구축을 위한 기본 원칙과 제도적인 틀을 마련할 수 있을 것이다.

노사 쟁의가 발생할 경우 파업이나 직장폐쇄의 수단을 동원하기 전에 노사관계조정위원회(가칭)의 중재와 협의를 통해 문제 해결을 도모하며 문제가 법적인 분규로 확대되지 않도록 하는 것이 바람직하다. 노사 간 신뢰의 조성이 성공의 관건이다. 기업이 근로자의 근무 환경과 자질 향상을 위해 적절한 수준의 자원을 배정함으로써 자율적이며 건설적인 노사 협력이 이루어질 수 있는 환경을 조성할 수 있을 것이다.

나. 경제사회노동위원회

한국에서는 정부가 주도하여 1998년 노사정위원회가 구성되었었다. 지금은 경제사회노동위원회(경사노위)가 2018년 11월 발족하여 경제와 노동 현안에 대한 노·사·정 간 대화를 도모하고자 한다. 경사노위에는 주요 노사 단체 외에 중견·중소기업 대표와 소상공인, 여성, 청년, 비정규직 대표가 참여한다. 산하에는 노사관계 제도와 사회복지 제도를 논의하는 각종 분과위원회를 두고 있다.

경사노위는 대통령 직속 자문기구로 구성되어 현재 한국 사회가 안고 있는 여러 사회 문제를 논의하게 될 것이다. 참여 범위가 넓고, 그만큼 다루어야 할 사안들도 복잡다단할 것이므로 비교적 당면한 문제에 대한 정치적인 해법을 모색하게 될 것으로 전망된다.

다. 노동조합의 탈정치화

노사 협력 관계의 정착을 위해서는 거시적인 시각에서의 중·장기적인 노력이 필요하다. 그 목표는 당연히 국가 경제 발전과 고용 증대, 그리고 근로자의 복리 증진이다. 이 범위를 넘어 너무 많은 것을 이루려고 한다면 주된 목적이 흐려지고 노사 간 대화가 어렵게 된다. 지금 한국 노조의 탈정치화가 필요한 이유이다. 민노총 일각에서는 "재벌, 대기업, 보수언론, 관료집단 등의 적폐동맹을 깨고 한국 사회를 개조하는 데" 목표를 두고 "국가보안법 철폐, 주한미군 철수"를 위한 투쟁을 벌이겠다고 한다. 이렇게 노동조합 본연의 자세를 버리고 좌익 혁명 운동의 전위부대로 나선다면 건설적인 노사관계를 기대하기 어려울 것이다. 법치사회의 질서가 유지되는 가운데 건전한 노사 협력도 가능할 것이다.

라. 렌-메이드너 모델과 최저임금 인상

스웨덴은 완전고용을 구가하면서도 산업의 국제경쟁력을 강화하기 위해 전체적으로 임금 인상을 억제하는 렌-메이드너 모델을 고안하였다. 반면, 지금의 한국은 청년 실업 문제가 심각한 사회 문제로 대두된 상황에서 최저임금을 대폭 인상한 결과 수많은 중소기업과 소규모 자영업의 경쟁력이 약화되었고 이에 따라 고용 수준은 더욱 낮아질 수밖에 없게 되었다.

스웨덴은 적극적 노동시장 정책으로 기업의 구조조정에 따르는 실업 문제를 완화한 반면 한국은 실업자를 구제할 수 있는 사회안전망도 미비한 실정이다.

마. 구호의 '이념화'는 부작용을 낳을 수 있다.

경쟁력 높은 수출 산업 부문과 그에 직·간접적으로 연관된 직종에 주로 적용되었던 렌-메이드너 모델은 경제 세계화에 따른 노동시장의 변화로 이제 적용하기 어렵게 되었으며 스웨덴은 1990년대부터 이에 대한 대안을 찾았다.

그런데 한국은 이와 같은 시대의 흐름을 거스르고 있는 듯하다. 2018년 3월 정부가 국회에 제출안 헌법 개정안에 '국가는 동일한 가치의 노동에 대해서는 동일한 수준의 임금이 지급되도록 노력해야 한다'라는 조항이 담겼다.

이와 같은 문제를 헌법에서 다루어야 하는지도 문제지만 렌-메이드너 모델이 나오고 반세기가 훌쩍 지나 그 모델의 근본 취지는 충분히 고려하지 않은 채 일부 구호만 가져온 것으로 보인다.

스웨덴에서는 과도한 임금 인상 요구가 스웨덴 산업의 국제경쟁력을 떨어뜨리며 인플레를 촉발할 것을 경계하며 '동일 노동 - 동일 임금'의 기준을 고안하였다. 그런데 이 기준이 왜곡 전달되어 임금 인상을 요구하는 구호로 거꾸로 이용되거나 정치 이념화된다면 노사 관계가 더욱 어려워질 수 있다. 실업 문제 해결에 모든 지혜를 모아야 할 상황에서 취할 방향이 아니다.

복지정책의 체계

7

"복지정책의 내용은 중앙정부가 전 국민을 대상으로 결정한다.

지방행정기관은 중앙정부가 결정한 정책을 집행한다.

따라서 모든 국민에게 제공되는 복지 혜택의 수준은 동일하다."

빈민구제에서 사회정책으로

산업화가 본격화하며 1870년대부터 시민사회의 빈민구제 및 계몽운동이 활발하였다. 자선단체들의 빈민구제 사업은 사회사업가A와 구제 대상B 간의 인간적인 만남과 소통을 통해 구현되었다. 공적 자원(예를 들면 자선단체가 확보한 기금)을 사용하더라도 자원봉사자인 A가 B를 경제·사회적 재활로 인도한다는 구도였다.

B 개인의 문제를 A에 의탁하여 풀어나가는 과정이어서 양자 간 상호 신뢰가 중요하였다. B의 사생활이 노출될 수 있었으나 A의 인격이 B의 자립 의지를 북돋우게 한다는 취지였다. 기본적인 윤리 기준은 개인이 책임 의식을 회복하여 자립을 위해 노력해야 한다는 것이었다.

이와 같은 개인주의적, 자유주의적 사고가 1918년 개정된 빈민구제법 Fattigvårdslag에도 반영되었다. 이에 따르면 남편은 가장으로서 아내에 대하여, 그리고 아내는 자식들에 대하여 무조건적 부양 의무를 지고 있었다. 물론 아내에겐 남편을 보살필 도덕적 의무도 있었다. 부모와 장성한 자식은 서로를 보호하고 부양해야 하는 관계였다. 이와 같은 윤리 기준이 유지될 수 있도록 읍 단위의 빈민구제청 Fattigvårdsstyrelsen이 상당한 권한을 보유하였고 책임을 소홀히 하는 자에게 근로 의무를 지울 수 있었다.

산업화, 도시화 시대의 대량 빈곤 문제는 이런 개인주의적 접근만으로는 풀기 어려워졌다. 빈곤이 개인의 문제일 뿐 아니라 사회가 초래한 문제로도 다루어져야 해결의 실마리를 찾을 수 있었다. 개인이 자신의 책임을 소홀히 하여 빈곤에 빠지게 되었는지, 혹은 빈곤이 개인의 삶에 대한 의욕을 위축시켰는지는 한마디로 단언할 수 없을 것이다. 그러나 산업화 시대의 대량 빈곤이 사회적 문제라는 데는 이견이 없게 된다.

이와 같은 인식에서 사회적 불균형 해소를 위한 정부의 적극적 역할을 요구하는 목소리가 높아진다. '사회정책'이라는 말이 생겨나 이 분야 정책의 범위가 넓어지고 내용이 보강되며 점차 '복지정책'이라는 개념이 일반화되었다.

사회정책의 형성 과정

앞에서 보았듯이 1912년 사회사업청 Socialstyrelsen이 신설되어 사회정책 추진을 위한 기틀이 마련되었다. 점차 사회 문제의 여러 부문을 면밀히 조사, 연구하여 대책을 제시하는 활동이 체계화되었다. 이 무렵을 스웨덴의 현대 복지 제도 구축의 시발점으로 볼 수 있을 것이다.

그런데 복지 체제에 관한 어떤 마스터플랜이 있었던 것은 아니었다. 오랜 세월에 걸쳐 다양한 정책의 필요성과 방향에 대한 사회적 합의가 이루어지며 전문가와 이해 당사자들의 면밀한 검토, 그리고 의회의 심의를 거쳐 점진적으로 구체화되었다.

1920~30년대 중 노동시장위원회 Arbetsmarknadskommittén, 주택문제조사위원회 Bostadssociala utredningen, 인구조사위원회 Befolkningskommissionen 및 사회보호조사위원회 Socialvårdutredningen의 활동을 통해 사회정책의 기본 방향이 제시되었다.

이들 조사 연구 활동에는 정부, 학계, 기업, 노동조합, 정당, 시민단체 등 사회 각계의 인사들이 참여하였다. 정당 간 경계를 허물고 기업, 노조와 함께 사회가 당면한 문제의 본질을 논구하며 해결책을 찾아나가는 대화의 장이 마련되었다. 모든 논의는 사실의 과학적 분석을 근거로 진행되었다.

이렇듯이 조사 연구와 정책의 형성 과정에 학문의 역할이 중요하였다. 사실 관계의 조사, 문제의 파악과 해석, 해결 방안의 도출 등의 전 과정에 학계 인사들이 참여하며 학문·정치·행정이 불가분의 일체를 이루게 된다. 지금도 대학의 사회과학 분야 연구 활동이 정부의 정책 수립 과정과 깊이 연계되어 있다.

중앙정부와 지방자치단체

정부는 상당 기간의 조사 연구 결과를 토대로 정책을 입안하고, 필요한 경우 국회의 동의를 얻어 시행에 들어가게 된다. 사회정책은 국민의 생활과 직접 연관되므로 정책의 주된 내용은 중앙정부가 결정하지만 이를 실제 집행하는 것은 지방행정기관이다.

정부의 사회정책이 노사관계의 안정을 뒷받침하였다. 초기 사회정책의 주된 수혜자는 근로자 계층이어서 노동운동의 일부 투쟁적인 목소리는 가라앉게 된다. 정책은 모든 국민에게 기초 생활을 보장하는 수준에서 일정한 삶의 질을 보장하는 단계로 발전하였다. 이렇게 복지 체제가 구축되며 중앙정부와 지방행정기관의 역할이 체계화되었다.

복지정책의 내용은 중앙정부가 전 국민을 대상으로 결정한다. 한국의 시·군 단위의 지방자치단체에 해당하는 콤뮨kommun은 중앙정부가 결정한 내용을 집행한다. 따라서 모든 국민에게 제공되는 복지 혜택의 수준은 동일하다.[5]

의료 혜택이든, 출산 시 산모에게 지급되는 보조금이든, 무상 교육이든, 학교의 무상 급식이든, 실업 급여이든 전국적으로 같은 기준이 적용된다. 지방자치단체는 상당한 자치권을 가지지만 복지 혜택의 수준을 좌우할 순 없다.

---

5 콤뮨은 복지 행정의 일선 기관이다. 복지 체제가 성장하며 콤뮨의 세수(稅收)와 지출도 늘어났다. 콤뮨이 자율적으로 주택 건설과 인프라 사업을 추진하고 복지 행정의 분야가 다양해지면서 콤뮨이 정부와 국민을 잇는 주된 통로가 되었다.

지방자치단체는 복지정책의 수립에 필요한 현지의 여건과 실상에 대한 자료를 수집하여 중앙에 제공한다. 그리고 중앙에서 기획한 사업이 현지에서 집행될 수 있도록 지방 행정력이 작동한다.

전통 사회에서 지방행정기관의 주된 역할은 빈민구제, 학교 운영, 소방, 그리고 토지 사용 관리 등이었다. 현대 산업 사회의 복지정책 영역이 점차 넓어지며 복지 행정이 지방행정기관 업무의 가장 큰 부분을 차지하게 된다.

도의회 Landsting 의 역할도 확대되었다. 1862년 정부조직법이 개정되며 출현한 도의회는 그 주된 임무가 도지사 Landshövding 의 책임 아래 상원의원을 선출하는 일이었다. 그리고 지방의 도로 및 교량 건설 등 인프라 사업을 추진하였으며, 주된 재정 수입원은 양조장 운영과 소매업 허가였다. 이제 국민 복지의 시대로 접어들어 조세권이 확대되고 의료 복지 행정의 중심 기구가 되었다.

교육 정책과 청소년 복지

스웨덴에서 근대적 의미의 국민 교육이 제도화된 것은 19세기 중반이었다. 산업화 시대의 요구에 발맞추어 1842년 4년제 국민학교 Folkskolan 의무교육 제도가 도입되었다.

20세기에 들어와 청소년 교육을 사회정책의 시각에서도 바라보게 된다. 전통적 관념으로 소위 '청소년 문제'란 사회적 규범에서 일탈하거나 그럴 가능성이 있는 젊은이들을 보호, 감독하는 문제였다. 그러나 이제 국가 공동체가 청소년을 함께 보살피며 그들의 지적, 정서적 성장을 위해 적극 나서야 한다는 교육 이념이 보편화되었다.

한손 Hansson 수상은 "청소년은 '국민의 집'에 사는 우리 모두의 아이다 Alla barn är allas barn"라고 하였다. 각 가정에서뿐만 아니라 사회 전체가 모든 청소년의 양육과 교육을 위해 함께 노력해야 한다는 이상이었다.

이 정신이 교육 정책에 반영되었다. 기초 의무교육(1950년부터 9년제)에서부터 대학 교육까지, 그리고 대학원 및 박사 과정에 이르기까지 국비로 운영된다.

한국의 초등학교와 중학교를 합친 것에 해당하는 기초학교 Grundskolan 과정 이후 고등학교부터는 개인이 진로를 정할 수 있다. 대학 진학을 내다보며 이론 교육에 보다 치중하는 과정이나 우리의 실업고등학교에 해당하는 과정을 선택할 수 있다. 예술학교로 진학할 수도 있다.

기초적 시민 교육의 과정으로 볼 수 있는 9년간의 의무교육 과정에서 가장 중시하는 것은 개인의 자발성, 독창성, 그리고 위기 상황 극복 능력과 협동 정신의 함양이다.

이를 위하여 각 지역 사회 혹은 학교 단위로 아동 및 청소년이 참여할 수 있는 연극, 음악, 미술, 스포츠 프로그램을 개발하여 운영한다. 자연 속에서 생태계를 체험할 수 있는 다양한 옥외 활동도 포함된다. 유치원 아동을 위해서도 유사한 프로그램을 운영한다.

자신이 무엇을 좋아하는지, 무엇을 하고 싶은지, 그리고 사회인으로서 무엇을 할 수 있는지를 자신이 결정할 수 있는 사람으로 성장토록 하는 것이 교육의 가장 중요한 목적이다. 따라서 암기식 교육이나 사지선다형 학습은 지양한다.

대학 과정은 일반 종합대학교와 공과대학, 의과대학, 음악대학, 미술대학 등의 전문대학이 있다. 대부분이 국립이다. 스톡홀름에 소재한 상과대학Handelshögskolan과 같은 소수의 사립대학이 있으나, 이들이 '사립'인 것은 개인이나 민간 기관이 설립의 추동력이 된 배경에서이다. 그러나 이런 대학들도 국비로 운영되며 교과 과정은 국가가 정한 기준에 따르므로 공교육의 성격을 지닌다.

대학들은 전국적으로 골고루 분포되어 있고 교육과 연구의 수준에 편차가 거의 없다. 대학마다 특정한 분야의 연구 및 교육에 주력을 기울이기도 한다.

예를 들어 스톡홀름의 사회사업대학Socialhögskolan은 사회복지정책의 교육 및 연구의 메카라고 할 만하다. 정치학 분야에서 스톡홀름대학교는 냉전기에는 동서 관계 연구에, 그 이후로는 유럽통합 연구에 상당한 업적을 내놓았다.

요테보리 Göteborg 대학교는 선거제도 분석에 명성이 높다. 유서 깊은 웁살라 Uppsala 대학교(1477년 설립)와 룬드 Lund 대학교(1666년 설립)는 역사학 등 인문학 분야에서 오랜 전통을 쌓았다.

1990년대에 들어 교육의 민영화가 일부 이루어졌다. 스웨덴의 교육 풍토에서 다소 새로운 현상이었으나 교육에도 '경쟁'의 개념을 도입하여 효율성을 높이고자 하였다. 같은 취지에서 이제 거주지에 상관없이 학생과 학부모가 학교를 선택할 수 있게 하였다.

사립학교의 설립이 자유로워졌으며 2010년까지 교육청이 인가한 사립학교는 전체의 약 15%, 사립학교에 취학한 아동은 전체의 약 4% 정도였다. 여전히 대다수의 학생이 콤뮨 kommun이 운영하는 공립학교에 다닌다. 사립학교의 재정도 국고 지원에 의해 운영되며 교과 과정도 정부의 기준에 따르므로 공교육의 본질이 변하지는 않았다.

스웨덴의 독특한 교육 기관으로 콤북스 komvux라 불리는 성인 학교가 있다. 개인의 필요에 따라 정규 교육을 보완할 수 있게 하는 학교이다. 고등학교를 중퇴한 이가 대학 진학에 필요한 과목을 추가로 이수해야 하는 경우, 혹은 대학 전공을 전환하고자 하는 경우 필요한 과목을 이곳에서 보충할 수 있다.

외국 유학생이 스웨덴의 대학 과정을 순조로이 이수할 수 있도록 스웨덴어와 스웨덴 사회·문화에 대한 오리엔테이션 과정도 제공한다. 1990년대 후반기부터 콤북스의 교과 과정이 실업자, 특히 정규 고등학교 교육을 이수하지 않은 이들을 위해 대폭 보강되었다. 산업 현장의 수요에 맞추어 일반 교육 과정에서보다 전문화된 수업도 진행되고 있다.

스웨덴 교육 정책의 기본 목표는 교육이 민주주의의 발전에 기여토록 하는 것이다. 모든 국민에게 균등한 교육의 기회를 제공하고자 한다. 이와 같은 철학으로 모든 교육 과정은 국비로 운영된다. 학생 개인이나 학부모는 등록금이나 수업료의 부담을 지지 않는다.

만 18세가 되면 부모로부터 독립하여 생활하는 것이 일반적이다. 대학 재학 중인 학생의 재정 자립이 가능하도록 국가가 지원한다. 학업지원중앙위원회 Centrala studiestödsnämnden에서 학업 보조금을 지급하고 저리의 학자금 대출 제도를 운영한다. 학자 대출금은 졸업 후 취업하면 자동적으로 분할 상환된다.

교육의 전 과정에 국가의 역할이 광범위하지만 자유주의적 교육철학의 바탕 위에 학문의 자유는 철저히 보장된다. 학문과 교육에 종사하는 이들이 현실과 정부의 정책을 비판적으로 분석하며 사회의 개량과 정책 발전에 기여하는 것을 당연한 책무로 여긴다.

가족복지정책

제1차 세계대전 직후 독일, 이탈리아, 프랑스 등 여러 나라에서 인구 감소를 우려하며 출산 장려 정책을 적극 추진하였다. 스웨덴에서도 인구 문제가 정치권과 지식인 사회의 중요한 관심사로 떠올랐다. 앞에서 살펴본 군나르 미르달 Gunnar Myrdal과 부인 알바 Alva Myrdal의 『인구 문제의 위기』는 이 문제를 심층적으로 다룬 역작이었다.

당시 스웨덴은 출산율 저하와 인구의 해외 유출을 막아야 했다. 산업화에 따라 경제·사회 여건이 변화했고 많은 농촌 및 도시 인구가 미국으로 이민하고 있었다. 빈곤 근로층에게 미국은 실업이 없는 자유의 나라였으며 1850~1920년간 약 120만 명이 모국을 떠났다.

이 기간 중 총 인구가 약 350만에서 600만으로 증가한 데 그친 것은 이렇게 이민 규모가 큰 배경에서였다. 이 상황에서 출산율을 높이는 일은 사회 보존을 위한 국가적 과제로 여겨졌다.

미르달 부처는 인구 문제를 거시적 국가 전략의 시각에서 진단하였다. 지식과 과학의 힘으로 사회를 개조해 나갈 수 있다고 보는 합리주의적 계몽사상을 근간으로 당시 스웨덴 사회가 풀어나가야 할 과제를 논구하였다.

미르달 부처는 연구를 통해 국가의 지속 가능한 발전을 위하여 가장 중요한 인적 자원의 합리적 관리 방책을 제시하였다. 빈곤한 다수의 삶의 여건을 개선하여 그들의 잠재력을 충분히 개발해 나가야 생산적 인적 자원이 지속적으로 공급될 것이라고 하였다. 대중의 혼이 일깨워지고 사회정책을 집행하는 관료는 투철한 사명감과 사회철학으로 무장돼야 할 것이며, 이렇게 인구 전체의 질이 향상되고 사회가 재구성되어야 국가의 발전이 가능할 것이라고 보았다.

이러한 배경에서 1935년 5월 인구위원회 Befolkningskommissionen가 발족하였다. 인구위원회에는 사민당, 자유당, 온건당, 농민당 의원들, 그리고 학계 인사들과 여성운동 지도자들이 참여하였으며 군나르 미르달이 업무 추진을 위한 주역을 맡았다. 1935년에서 1938년까지 3년에 걸친 위원회의 활동 기간 동안 생산된 17건의 보고서가 초기 가족복지정책의 바탕이 된다.

위원회의 제안에 따라 출산 전후 산모와 신생아에 대한 무료 진료가 입법화되었다. 모든 산모에게 일정액의 모성상여금을 지급하고 빈곤층 산모에 대해서는 자산조사에 기초하여 추가 금액을 지급하는 모성부조 mödrahjälp 프로그램이 도입되었다.

이와 더불어 신혼부부가 주택을 마련할 수 있도록 결혼정착대출 bosättningslån 혜택도 제도화되었다. 이어서 출산 장려를 위한 소득세 개정안이 국회를 통과하였다. 자녀를 셋 이상 둔 가정에 대하여 조세감면 혜택이 크게 늘어났다.

인구위원회와 더불어 여성노동위원회 Kvinnoarbetskommittén가 구성되었다. 여기서 임신, 출산을 이유로 해고당하는 일이 없도록 기혼 취업 여성의 고용을 보호해야 한다는 보고서가 채택되었으며, 이를 기초로 한 입법 조치가 뒤따랐다(1939).

1930년대 후반 중 출산율이 다소 높아졌으나 그리 만족스러운 정도는 아니었다. 제2차 세계대전 발발 후 애국주의 분위기가 고조된 상황에서 인구 정책은 여전히 국정의 주요 사안이었고, 이러한 배경에서 인구위원회의 활동을 계승하는 인구조사위원회 Befolkningsutredning가 1941년 발족하였다. 사회부 차관 에르란더 Tage Erlander를 위원장으로 소수의 전문가들로 구성된 조직이었다.

인구조사위원회의 제안으로 초등학교 무상 급식과 보편적 아동수당이 제도화되었다. 당시의 무상 급식은 원하는 가정의 자녀만을 대상으로, 그중에서도 등교 거리가 멀거나 가정 형편이 어려운 학생에게만 선별적으로 제공되었다.

아동수당은 모든 가정을 대상으로 지급되었다. 16세 이하 모든 아동을 대상으로 연 260크로나 Krona를 지급하는 대신 이전의 유자녀 가정 조세감면 제도는 폐지되었다. 조세감면은 빈곤 가정에는 혜택이 돌아가지 않는 문제가 있었다. 이와 같은 내용을 기본 골격으로 하여 가족복지 체제가 점차 보강되었다.

한편 정책은 시대의 여건을 반영하여 1950~1960년대의 고도 경제성장 기간 중에는 여성이 대거 노동시장에 진출하며 보육, 양로 서비스를 늘려야 했다. 부부가 동시에 취업하는 것을 전제로 가족정책을 설계하였다.

1971년부터 취업 부부에 대해 각자에게 소득세를 부과하기로 하였다. 누진소득세 제도 하에서 각자에게 과세하면 합산한 부부의 소득에 과세하는 것보다 소득세 부담액이 줄어들 것이었다. 기혼 여성의 취업을 장려하는 취지였다. 1974년 종래의 모성보험을 부모보험으로 개편하며 남성도 육아휴직을 선택할 수 있도록 하였다.

부모보험뿐만 아니라 유급 육아휴직 제도로 가족의 소득이 보장되었다. 이 제도는 점차 보강되어 현재 총 480일의 육아휴직 기간 중 390일은 하루 942크로나(약 125,000원)를 넘지 않는 범위 내에서 급여의 80%가 지급되고, 나머지 90일 동안은 하루 정액 180크로나(약 25,000원)를 정부가 지원한다.

남성의 육아휴직을 권장하는 정책이 근년에 들어 보강되었다. 남성이 의무적으로 사용해야 하는 육아휴직 쿼터제가 1995년 30일을 시작으로 2002년에 60일, 2016년에는 90일로 확대되었다. 한 자녀당 총 480일의 유급 육아휴직을 부모가 나누어 사용할 수 있는데, 이 중 90일은 남성이 사용하지 않을 경우 소멸된다. 남성의 육아 참여를 미덕으로 여기는 사회로 변모하고 있는 것이다.

육아휴직 기간이 끝나면 아이를 어린이집 daghem에 맡길 수 있고 어린이집은 주택가 곳곳에 있어 편리하게 이용할 수 있다. 각 콤뮌 kommun은 주민을 위한 어린이집 자리를 마련하여 제공할 의무가 있으며 이는 학령 전 아동을 위한 시설이다. 이용 시간은 보통 오전 8시부터 오후 4시까지이고 비용은 부모의 소득 수준에 따라 차등 부과된다.

인구가 많지 않은 농촌이나 도시 교외 지역에서는 어린이집 대신 가정탁아 제도를 이용하기도 한다. 아이를 가진 어머니 dag-mamma가 직장에 출근한 이웃의 아이를 함께 돌보는 제도이다.

부모 중 한 사람이 직장을 갖지 않아 자녀를 직접 돌볼 수 있는 경우 열린유치원 öppna förskola을 이용할 수 있다. 시간제한 없이 무료로 이용할 수 있으며 여기서 제공하는 다양한 교육 프로그램에 참여할 수 있다.

아이가 일곱 살이 되어 초등학교에 들어가면 방과 후 학교를 이용할 수 있다. 아동 서비스 센터로서 연중무휴이고 학교 수업이 없는 오전 혹은 오후에, 그리고 방학 기간에도 이용할 수 있다. 대체로 학교 인근에 위치하여 정규 학교 수업을 보완하며 아동의 정서적 성장을 돕는 프로그램을 운영한다. 이용 시간과 비용은 어린이집과 비슷하다.

이 모든 아동 돌봄 시설과 제도를 우리의 기초자치단체에 해당하는 콤뮌에서 운영한다. 체계적이며 빈틈없는 육아 및 돌봄 지원이 스웨덴 사회의 원활한 작동을 가능하게 한다.

그런 만큼 국가가 이 부문에 많은 자원을 동원한다. 그 덕분인지 근년의 출산율이 2.0명 수준으로 회복되었다. 스웨덴의 가족 복지(아동수당·육아 및 돌봄 지원)예산은 국내총생산 GDP의 3.5%에 해당한다. 한국은 1.18%(2017)정도였다.

의료 보장

스웨덴에서 전 국민이 의료 보장 혜택을 받을 수 있게 된 것은 제 2차 세계대전 이후의 일이다. 그 전까지는 의료조합을 통한 상호부조의 틀이 있었다. 조합은 가입자의 기여금과 정부의 보조금으로 유지되었으며, 조합에 가입하지 못한 빈곤층에는 혜택이 돌아가지 않는 문제가 있었다. 그리고 조합원들에게도 병가로 인한 소득의 손실은 보전해주지 못하였다.

의회는 1947년 의료 보장의 보편화 원칙을 채택하고 그 시행을 위한 준비에 착수하였다. 모든 세부 사항에 대한 연구와 검토를 거쳐 1953년 관련 입법이 완료되었고, 그로부터 2년 후 시행에 들어갔다.

1955년부터 시행되고 있는 의료 보장 제도는 질병, 불구로 인한 병가 혹은 실직에 따르는 소득의 감소도 보전해주는 구도이다. 수혜 대상은 전 국민이며 스웨덴에 거주하는 외국인도 같은 대우를 받는다. 비용은 수혜자와 고용주의 기여금, 그리고 정부 예산으로 충당한다.

근로자가 병가에 들어가면 그 둘째 날부터 14일까지 고용주로부터, 15일째부터는 사회보장청으로부터 병가 급여를 받는다. 병가 급여는 정상 소득의 80%이고, 산업재해로 인한 병가의 경우 정상 소득의 100%를 보전받을 수 있다. 근로소득이 없거나 낮은 경우 기초생활 보장을 위한 수당이 지급된다.

환자가 진료를 받아야 할 경우는 대개 거주지 부근의 1차 진료 기관인 보건소에서 주치의를 만난다. 간단한 진료로 끝나지 않을 경우 그의 추천을 받아 2차 진료 기관인 종합병원으로 간다. 응급환자는 바로 종합병원 응급실로 갈 수 있다.

개인이 부담하는 진료비는 약 25,000원에 상당하지만 입원비를 포함한 치료비는 무료이다. 의료 서비스의 초기 단계에 개인에게 약간의 부담을 지우는 것은 의료 남용을 막기 위해서다.

종합병원은 대체로 거대 규모이며 전문화된 인력과 시설을 갖추고 높은 수준의 의료 서비스를 제공한다. 광역지방자치단체인 도의회 Lansting가 의료 행정의 책임 기관이며 의사, 간호사는 공무원의 신분이다. 의사 직은 사회적으로 존경받는 직업이며 소득 수준도 높은 편이다.

개인병원이 있으나 간단한 진료나 치료 업무에 그치며 대개

1차 진료 기관으로 기능한다. 보다 전문적인 검진과 입원 가료가 필요한 경우 환자를 종합병원으로 보낸다.

1992년 의료 행정이 일부 개편되어 장기입원 환자, 노인, 장애인에 대한 의료 및 돌봄 서비스가 광역지방자치단체에서 기초지방자치단체인 콤뮨 kommun 으로 이관되었다. 이들의 가정과 생활 터전에 가까운 작은 단위의 행정기관이 더 효율적인 서비스를 제공할 수 있기 때문이다.

공공 서비스의 효율에 대한 관심이 높아지며 일부 의료 서비스가 민영화되었다. 1차 진료 기관인 보건소는 다수 민영으로 전환되었고 대형 종합병원 중 일부도 독립 자회사가 되었다. 그러나 이들도 공영 병원과 경쟁해야 하므로 공영의 기준을 따르게 된다. 전체적으로 의료의 공공 서비스로서의 성격에는 변함이 없다. 국가 재정으로 의료 보장 제도가 유지되며 정부가 의료 행정에 대한 최종적 통제권자이다.

의료는 교육과 함께 정부 예산의 가장 큰 몫을 차지하는 두 부문이다. 국민이 고율의 세금을 납부하면서도 불평하지 않는 것은 균등한 교육 기회와 보편화된 의료 서비스의 질에 대하여 만족하기 때문이다. 1982년 개정된 보건의료법에서는 "국가가 모든 국민에게 동등한 조건으로 양질의 보건 의료를 제공한다"라고 하였다. 이렇듯 스웨덴은 의료를 사회 공동체가 함께 해결해가야 할 사안으로 여긴다.

이 나라 의료 보장 체제를 이끌어 가는 기본정신은 인간의 존엄성 보장, 사회적 연대 도모, 공공 서비스의 효율 향상 등의 세 가지 원칙에도 나타난다. 한국이 당장 스웨덴과 같은 완벽에 가까운 의료 보장 제도를 이식해 오기는 어려울 것이다. 그러나 이 정신과 원칙은 본받을 만한 기준이 될 수 있을 것이다.

노인복지

대부분의 사람들이 은퇴 후에도 가족과 함께 전과 같은 주거 환경에서 노후를 보낼 수 있기를 바란다. 건강이 허락하는 한 이웃과의 접촉을 유지하며 지역사회 활동에 참여할 수 있다면 여생을 보내는 데 있어 소외감이 덜하게 될 것이다. 오늘날 스웨덴의 노인복지 제도는 이런 점을 고려하며 설계되었다.

1847년 제정된 빈민보호법 Fattigvårdslagen은 돌봐줄 가정이 없는 노인과 아이들을 굶주림과 질병으로부터 구제한다는 취지였다. 콤뮨이 빈곤한 노인이 모여 살 수 있는 거처 fattigstugor를 마련하였다. 그러나 이런 거소는 협소하고 시설도 변변치 않았다.

1918년 빈민보호법이 개정되어 전국적으로 양로원 ålderdoms-hem이 설립되기 시작하였다. 양로원에서는 돌봄 프로그램도 마련하였다. 점차 빈곤 노인뿐 아니라 일반 노령 인구의 주거 환경에 대한 사회적 관심이 높아졌다. 이런 배경에서 은퇴자 아파트 pensionärshem 혹은 서비스 홈 servicehus이 마련되었다.

은퇴자 아파트는 일반 아파트와 같이 독립 개인 생활이 보장되며 한 건물 안에 의료, 청소, 쇼핑 등을 도와주는 서비스 체계를 갖추었다. 그 외 식당 등의 편의시설까지 갖춘 공동체형 주택이다. 거주자들은 콤뮨이 제공하는 주택의 세입자로서 임대료를 지불한다.

소득이 낮아 임대료를 내기 어려운 경우 주택수당을 지원받아 부족분을 메울 수 있다. 상당 기간 의료 서비스를 받아야 할 경우 요양원 sjukhem이나 종합병원의 장기병동을 이용할 수 있다.

노령 인구가 증가하고 노인복지 서비스의 질도 향상됨에 따라 이를 위한 정부 예산도 대폭 늘어났다. 한편 노인복지에 대한 의식이 변화하여 재가 在家 서비스에 대한 관심이 높아졌다. 거동이 불편한 노인이 양로원이나 서비스 홈으로 이사하는 대신 가능하면 자기 집에서 생활하는 것이 바람직하였다.

이런 배경에서 정부 주도로 노인복지의 질과 효율을 높이기 위한 포괄적인 조사 연구가 이루어졌다. 그 결과 1987년 최종보고서가 나오고 이를 바탕으로 1992년 노인 돌봄 체계의 전반적인 개혁이 이루어졌다.

에델개혁 Ädelreformen으로 알려진 이 노인복지 서비스의 재편에 따라 이제는 사회복지 서비스와 의료 서비스가 통합되어 운영되고 있다. 이전에 사회복지 서비스는 기초자치단체인 콤뮌에서, 의료 서비스는 광역자치단체인 도에서 담당하였다.

노인에 대한 서비스의 특성을 고려하여 개인의 생활 근거지에서 가까운 소단위 지방행정기관으로 서비스의 주관처를 일원화한 것이다. 그리고 재가 서비스에 대한 수요가 늘어나는 데 발맞추어 서비스의 탈脫시설화 정책이 구현되었다.

이 개혁 이후 노인들의 종합병원 입원 기간이 크게 줄어들었다. 입원자 중 20% 이상이 재가 의료 서비스로 전환하였고 전체적으로 노령 인구의 건강과 기대수명이 향상되었다.

복지정책 체계화의 과제

앞에서 살펴보았듯이 스웨덴의 모든 복지정책은 다음과 같은 절차로 입안되고 시행된다.

i. 정책의 필요성에 대한 사회적 합의
ii. 정부, 여·야당, 기업, 노조, 학계 인사들로 구성되는 정책조사위원회에서 문제의 현황을 분석하고 정책의 기본 방향 건의
iii. 이를 기초로 정부 해당 부처에서 정책 시행을 위한 입법안 제출

iv. 의회 전문위원회에서 입법안 심의 및 의결

v. 의회 본회의에서 입법 확정

vi. 중앙정부는 지방행정기관에 정책 시행 방침을 하달하며 필요한 자원을 지원

vii. 지방행정기관(주로 콤뮌)이 정책 시행

그런데 최근 한국에서 나타난 다음 몇 사례들은 이런 신중하며 체계적인 스웨덴의 복지정책 수립 및 시행 방식과 크게 대비된다.

가. 경기도는 2019년 4월부터 분기별로 25만 원씩 1년간 100만 원의 '청년배당'을 지급한다. 3년 이상 경기도에 주민등록을 두고 있는 만 24세의 청년을 대상으로 하는데 그 대상자 수가 약 17만 5,000명에 이른다. 다른 도의 청년에게는 이런 혜택이 없다.

나. 강원도는 전국적으로 이미 시행되고 있는 만 6세 미만의 아동에 대한 월 10만 원의 수당이 있는데도 신생아에게 4년간 월 30만 원을 추가로 지급한다.

다. 안산시는 전국 기초지방자치단체로서는 최초로 소득수준에 관계없이 대학생 '반값 등록금' 사업을 추진하기로 했다. 관내의 모든 대학생에게 본인 부담 등록금의 50%를 지원한다는 방침

이다. 그런데 안산시는 최근 인구가 줄어들며 세입은 감소하는 반면 세출은 늘어나고 있어 이런 정책의 시행을 위해서는 중앙 정부의 지원이 필요한 실정이다.

라. 서울 중구에서 지급하는 월 10만 원의 '어르신공로수당'은 기초 연금과 중복된다.

마. 인천 서구는 2018년 5월 관내의 넷째 아이를 낳은 가정에 500 만 원을 지급하는 '출산장려금' 제도 신설을 보건복지부에 요청 하였다. 얼마 후 서구와 인접한 계양구는 셋째만 낳아도 720만 원을 지급하겠다고 나섰다. 경쟁적으로 현금복지정책을 서두르 는 모습이다.

여기 든 것은 최근의 몇 사례에 불과하다. 2018년도 중 연간 예산 10억 원 이상이 소요되는 현금복지 사업 36건이 중앙정부와의 협의를 통해 신설되었는데 이 중 11건만 보건사회연구원 등 전문 기관의 검토를 거쳤다. 일부 사업은 서둘러 기획되고 검토도 불 충분하여 시행 이후 소요 예산이 크게 증가하였다.

많은 현금복지 사업이 지방자치단체장의 선거 공약에 따른 것 이다. 그런 사업이 꼭 필요한지, 사업이 시행되면 어떤 효과를 기 대할 수 있는지, 그리고 사업에 어떤 부작용이 따를 수 있는지에 대한 충분한 검토와 심의 없이 유권자의 표를 의식하며 급조된 정책들일 수 있다.

이런 경향을 통제할 수 있는 중앙정부의 역할도 약화되었다. 이제 정부가 지방자치단체의 사회보장 제도 신설 혹은 변경 계획에 대하여 '부동의' 결정을 내릴 수 없게 되었다.

2013년 개정된 사회보장기본법에 따르면 지자체의 복지 사업이 타당성이 낮거나 기존 사업과 중복되는 경우 정부가 제도 변경을 요구하거나 부동의 결정을 내릴 수 있었다. 그러나 2018년 1월 지침이 바뀌어 복지부가 지자체와 협의는 하되 부동의는 할수 없게 된 것이다.

복지정책의 목적은 사회적 불균형을 해소하며 국민의 삶의 질을 높이고 국가의 활력과 생산성을 제고하는 데 있다. 한국이 유럽과 북미 선진국 수준의 복지 체제를 갖추려면 아직 갈 길이 멀다. 그러므로 우리 사회가 현재 안고 있는 문제와 바람직한 해결 방향에 대한 면밀한 검토를 거쳐 정책이 입안되어야 한다. 대규모의 사회적 자원이 장기간에 걸쳐 동원돼야 하는 정책 분야이므로 재정 여건과 정책의 지속 가능성에 대한 충분한 연구와 심의가 앞서야 한다. 정책의 타당성과 기대효과에 대하여 납세자인 국민 전체가 공감할 수 있어야 할 것이다. 그리고 복지의 혜택은 한 지방의 주민이 아니라 전 국민에게 골고루 돌아가도록 설계하는 것이 바람직하다.

복지정책은 거시적으로 접근해야 할 국가 대사이다. 중앙정부의 차원에서 여·야의 협의를 거쳐 전문가들의 충분한 자문을 받

아 정책을 개발하고 발전시키는 체계적인 노력이 있어야 한다. 포
퓰리즘의 유혹은 물론 경계해야 할 것이다. 스웨덴의 정책 결정
모델을 다시 한 번 되새겨볼 만하다.

세계화와 복지 체제

8

"경제·사회의 운영에 있어 가장 우선적으로 고려되어야 할
'사람'의 절실한 문제, 즉 실업 문제 해결에
정책 역량을 집중한 것은 매우 전략적인 선택이었다."

경제 세계화와 산업구조조정

스웨덴이 사실상의 완전고용을 구가한 1950~1960년대 중에 복지 체제의 기본 골격이 거의 완성되었다. 이 나라 경제에서 큰 비중을 차지하는 대기업들의 높은 국제경쟁력이 이를 가능하게 한 가장 중요한 기반이었다.

서유럽 국가들이 전반적으로 호황을 누린 시대가 점차 막을 내리게 되며 1970년대 중반에 이르러서는 국제 경제의 구조적 변화가 나타나기 시작하였다. 세계 무역에서 동아시아 신흥국들의 역할이 증대되고 중국과 동유럽권의 개혁·개방은 국제 통상과 투자의 여건을 전면적으로 바꾸어 놓았다. 또한 국제금융의 자유화로 해외직접투자가 활성화될 전망이었다.

아시아·태평양 경제권의 급부상에 대한 대응으로 유럽 통합이 가속화되었다. 세계 시장에서 서유럽 국가 자체 산업의 입지를 강화하기 위해 유럽의 단일시장화에 박차를 가했다. 동유럽 경제권의 흡수도 내다보고 있었다.

스웨덴 기업들은 국제 경제 환경의 변화에 민첩하게 대응하였다. 이 나라의 대표적 기업 볼보Volvo와 사브Saab는 새로운 발전 전략을 모색하며 각각 미국의 포드Ford와 제너럴모터스General Motors와 제휴하였다. 아세아 ASEA는 스위스의 브라운보베리Braun Boveri와 합병하여 ABB가 된다. 대형 삼림 회사 스투라 Stora는 핀란드의 엔소 Enso와 합쳐지고 그 주식이 스톡홀름, 헬싱키, 뉴욕 증권시장에 상장되었다. 기업의 국제경쟁력을 강화하기 위한 인수·합병이 광범위하게 진행되었다.

바야흐로 경제 세계화의 물결이 거세게 몰려오고 있었다. 산업 활동이 세계를 무대로 한 네트워크 경영 체제로 재편되었다. 기획 - 투자 - 디자인 - 생산 - 유통 - 소비의 전 과정이 해외 업체와의 협력을 통해 펼쳐지게 되었고 정보기술 Information Technology, IT과 교통·통신 수단의 고도화는 이런 변화를 가속화했다.

이 과정에서 스웨덴의 많은 제조업체들이 노동력이 저렴한 중국 등 아시아 국가 또는 이제 문호가 개방된 동유럽 국가로 생산기지를 이전하였다. 스웨덴 국내에서는 IT를 활용하는 새로운 기업 활동이 왕성해지고 다양한 지식 서비스 기업들이 출현하였다.

전통적 제조업 분야의 구조조정이 이루어지고 새로운 형태의 기업 조직이 출현하며 전반적인 고용 수준이 낮아지게 되었다. 이런 변화는 복지 체제의 기반을 불안하게 하는 요인이었다. 고용이 줄어들면 세수 기반이 약화되고 실업급여의 지출 등 복지비용이 늘어나게 마련이다. 이미 상당 기간 적자 재정을 운영하여 외채가 쌓인 터였다.

이제 다시 경제·사회에 활력을 불어넣으며 복지국가의 면모를 일신해야 했다. 정부와 경제계, 정당과 노조, 그리고 학계가 전 사회적 지혜를 총동원하여 향후의 방향을 모색하였다.

실업 대책

세계화 경제 환경에서 스웨덴 사회가 풀어야 할 최우선적 과제가 실업의 최소화였다. 정부의 정책도 여기에 가장 큰 역점을 두었다. 실업이 모든 사회적 불균형의 가장 중요한 근원이라는 인식에 서였다. 새로운 일자리를 늘리고 실업자는 재취업의 기회를 찾을 수 있도록 모든 정책 수단을 동원하였다. 다른 여러 분야의 정책들이 고용 증대를 위한 하부 정책으로 다루어졌다.

과거에도 대량 실업이 스웨덴을 괴롭혔었다. 스웨덴은 제1차 세계대전 직후의 유럽 경제 불황기에 이미 최악의 대량 실업을 경험하였고 1929년 대공황의 여파가 밀려왔을 때도 곤경을 겪었다.

정부가 체계적인 실업 대책을 마련하기까지는 근로자들이 상부상조하며 실업을 견뎌내야 했다. 노동조합에서는 실업자가 새 일자리를 구할 수 있도록 '이전 비용'을 지원하였고 근로자들이 기여금을 적립하여 실업수당의 재원을 마련하기도 하였다. 1935년부터 국가보조금이 지원됨에 따라 실업보험기금＋정부보조금으로 실업급여를 지급해왔다.

제2차 세계대전 후 약 30년 동안은 스웨덴에서 실업 문제가 사라진 듯하였다. 서유럽 전체가 장기 호황을 누리는 가운데 스웨덴 수출산업이 크게 신장하면서 사실상의 완전고용을 구가하였다. 통계상 실업률이 1.5% 수준에 머물며 제조업의 노동력 수요를 국내에서 다 충당하기 어려울 정도였다. 이 기간 중에는 근로자 임금이 유럽 최상위 수준으로 상승하였다. 기업의 강한 국제경쟁력이 높은 고용 수준을 유지할 수 있었던 관건이었다. 그리고 노사관계의 안정이 산업의 국제경쟁력을 높이는 선순환의 구조가 자리 잡았다.

기업은 근로자의 근무 환경과 처우 개선을 위해 최선을 다하고 노동조합은 기업의 사업 구조조정에 따를 수 있는 인력 감축 등의 조치를 양해하였다. 이런 균형이 유지될 수 있었던 것은 정부의 적극적 노동시장 정책이 있어서였다. 실업 문제를 정부가 완화하거나 해소할 수 있는 장치가 작동하였다.

정부의 이 임무를 노동시장청 Arbetsmarknadsstyrelsen, AMS이 맡고 있다. AMS의 정책 입안 과정에 스웨덴고용주연합 SAF, 전국노조연맹 LO과 여러 근로자 단체들이 참여하여 정책의 실효성을 높이고자 노력한다. 각 도에 AMS 지청을 두고 실제의 대민 서비스 업무는 전국에 산재한 수백 개의 지방 사무소에서 수행한다.

AMS의 목표는 고용을 최대화하는 데 있다. 일자리 정보를 제공하고 새로운 직장으로 옮겨갈 수 있도록 지원하며 근로자의 재교육 프로그램도 운영한다. 창업 지원 업무도 활발하다.

스웨덴의 모든 고용주는 일자리 정보를 AMS에 제공할 의무가 있다. 이렇게 하여 AMS는 방송과 신문, 그리고 매주 발행하는 기관소식지를 통하여 매우 생생한 취업 정보를 제공한다.

또한 AMS는 노동 수요의 변화를 예측하고 노동시장이 경기 변동에 적응해 나갈 수 있도록 정책을 입안하며 지역별 노동시장 조건이 개선될 수 있도록 노력한다.

AMS 지방사무소 전문 직원A이 일선에서 실업자B의 재취업이 가능하도록 지원한다. A는 B의 학력, 경력, 취향, 가정환경을 감안하여 적절한 조언을 제공하고 당장 새 직장을 구하기 어려운 경우 B가 목표하는 방향으로 진로를 개척해 갈 수 있도록 그의 역량 재충전을 위한 교육 프로그램을 권장한다. 창업이 목표인 경우 이를 준비할 수 있는 교육 과정을 안내하고 사업 추진을 위한 자문을 주선한다. 교육 프로그램과 자문 등은 공공 서비스로서 무료이다. 또한 근로자가 거주지를 옮겨서라도 취업할 수 있도록 지원한다. 특정 지방의 일자리가 줄어드는 추세일 때 다른 지방에서 직장을 찾아볼 수 있도록 여행 경비 등을 제공하며 취업을 위해 거주지를 옮긴 경우 첫 급여일까지 정착수당을 지급한다. 1960년대 중반부터 북부 지방의 많은 제조업체가 구조조정에 들어가며 이 같은 서비스에 대한 수요가 늘어났다.

1980년대 이래 산업구조조정에 따르는 실업자가 증가하며 AMS의 사회적 역할은 더욱 중요해졌다. 산업구조가 재편됨에 따라 기업의 고용 체계도 크게 변화하여 평생직장의 개념이 허물어지게 되었다. 근로자는 같은 직장 내에서도 기술 향상에 적응해 나가야 하며 때로는 새로운 일자리를 찾아 나서야 한다.

AMS는 초보자를 위한 교육과정, 재교육 프로그램 등 다양한 직업교육 프로그램을 개발하고 운영한다.

가장 역점을 두는 부분은 기업 구조조정의 결과 직장을 떠난 이들을 위한 교육 프로그램이다. 실업 기간이 길어질수록 새 직장을 구하기가 더 어려워지기 때문에 이들이 재취업 역량을 갖추도록 하여 장기 실업을 미연에 방지하고자 노력한다.

전 직장에서보다 낮은 급여 수준을 받아들이기 어려운 것이 사람의 마음이다. 그러나 실업급여에 장기간 의존하는 사태는 막아야 하므로 AMS는 실업자 개개인을 위해 최선의 현실적인 해법을 제시한다.

실업률이 늘어나는 지역의 일자리를 창출하는 방책도 고안하였다. 특히 북부 지역의 개발 사업을 촉진하며 투자 업체에게 자문과 금융 지원을 제공하였다. AMS는 불황기에 공공 건설 사업을 실행할 수 있는 재정자원을 늘 확보해 두고 있다.

그리고 주택 건설 사업은 항상 정부의 금융 지원을 받아 실행되는 구조이므로 AMS가 경기 전망에 따라 건설회사의 사업 시행 시기가 안배되도록 하는 영향력을 행사할 수 있다.

적극적 고용 촉진 정책에도 불구하고 실업을 완전히 퇴치하기는 어렵다. 재취업할 때까지는 실업급여에 의존하지 않을 수 없는데 실업급여는 앞에서 보았듯이 **실업보험기금 + 정부보조금**에서 지급된다. 지급의 기준은 초기에는 '기초 생활 보장'이었으나, 1950년대 이후에는 점차 수혜자의 실업 전 급여수준을 반영하여 급격한 생활수준의 저하를 막는다는 원칙이 적용되고 있다. 1950~60년대의 고도 경제성장으로 가능하게 된 정책이었다.

이와 같은 기준에 따라 실업자는 노조에 가입하여 1년 이상 기여금을 낸 경우 실업 후 첫 200일간(공휴일 제외) 이전 급여의 80%, 이후 100일간은 70%를 수령한다. 단, 하루 120,000원 상당의 상한선이 있다.

노조에 가입하지 않아 소득 비례 실업급여를 받지 못할 경우에는 기초생활 보장 수당이 지급된다. 실업급여 수령 기간 동안 AMS 취업지원사무소의 도움을 받으며 재취업을 위해 최선을 다해야 한다. 구직 노력에도 불구하고 새 직장을 찾지 못한 경우 실업급여 지급 기간이 300일간 연장될 수 있다.

실업급여는 물론 임시 변동의 수단이다. 실업의 여지를 최소화하며 노동력이 생산성 높은 곳으로 옮겨갈 수 여건을 조성하는 것이 국가 경제를 건전하게 하며 도덕적으로도 바람직하다.

이와 같은 맥락에서 교육의 중요성이 더욱 부각된다. 산업구조의 변화와 실업 문제에 대한 연구에서 교육 수준이 실업자의 재취업 가능성에 큰 영향을 미치는 것으로 밝혀졌다. 고학력자는 직장을 떠나게 되더라도 비교적 빠른 시일 안에 새 일자리를 마련하는 것으로 나타났다.

따라서 중장기적으로 되도록 많은 고학력자가 노동시장에 진입하게 된다면 실업을 줄일 수 있다는 논리가 성립한다. 사회 구성원 간 교육수준의 편차를 줄이는 것은 소득 불평등을 예방하는 효과도 있을 것이다. 교육 제도를 보강하여 국민 모두가 새로운 경제·사회 여건에 적응해 나갈 수 있도록 노력하였다.

그리하여 교육 제도에 두 가지 정책 목표를 설정하였다. 첫째, 저학력자를 최소화하며, 둘째, 교육의 내용을 노동시장의 요구에 부응할 수 있도록 재편하였다. 스웨덴의 국제경쟁력을 강화하는 데 교육이 중추적인 역할을 해야 할 것으로 보았다. 스웨덴 인재들이 세계 누구와도 어깨를 겨룰 수 있도록 한다는 목표를 설정하였다.

그런데 적극적 노동시장 정책과 교육제도의 보강이 고용 증진의 결실을 거두기 위해서는 투자를 촉진할 수 있는 정책이 병행되어야 한다. 새로운 일자리가 창출되어야 산업구조조정으로 직장을 잃는 이들과 학업을 마치고 노동시장에 진출하는 젊은이들을 흡수할 수 있을 것이기 때문이다.

이를 위해 스웨덴은 다각적인 노력을 기울였다. 조세제도 개혁을 통하여 가능한 한 많은 자본이 국내 투자에 동원될 수 있도록 인센티브 incentive를 제공하였다. 1983년부터 최상위 한계소득세율을 84%에서 57%로 줄였다. 그리고 2013년 법인세를 26.3%에서 22%로 내렸다.

재산세, 증여세, 상속세 폐지도 감행했다. 발렌베리 Wallenberg나 보니에 Bonnier와 같은 대자산가 가문이 이 나라 경제계에서 갖는 비중은 막중하다. 이케아 IKEA를 창업한 캄프라드 Ingvar Kamprad를 포함한 많은 대기업가, 경제인들이 해외에도 많은 자산을 보유하고 있다. 이들과 그 후손뿐 아니라 모든 국민, 그리고 외국인의 스웨덴 내 자산 보유와 투자를 용이하게 함으로써 경제에 활력을 더하고자 하였다.

연금제도 개혁

실업률 증가와 동시에 노령인구가 증가하며 연금기금의 안정성에 대한 우려도 생겨났다. 이런 배경에서 1992년 출범한 보수·중도 연립정부가 연금제도 개혁을 추진하였다. 기본 취지는 국민의 근로 의욕을 진작하며 연금기금의 고갈을 방지하는 데 있었다.

스웨덴 연금제도의 유래는 처음 공적 노령연금이 생겨난 1913년으로 거슬러 올라간다. 그러나 당시의 연금액은 노후 생활을 보장할 수 있는 수준에 미치지 못하였다. 1935년 국민연금법이 개정되며 비로소 67세 이상의 전 국민이 기초생활을 보장받게 되었다.

이후 경제·사회 여건의 변화에 따라 연금 체제도 보완되었다. 전후의 경제 호황 속에 여성도 대거 노동시장에 진출하며

1959년부터 부가연금 Allmän tilläggspension, ATP제도가 도입되었다. 고용 기간과 소득에 비례하여 추가 연금을 지급하는 구도였다.

총 30년 이상의 생애 근로 기간 중 소득이 가장 높았던 15년 간의 임금을 기준으로 부가연금액을 산정하였다. 총 근로 기간이 30년 미만인 경우 부족 기간은 연금의 감액 요인이 되었다. 대체로 중산층에 유리한 제도로서 실제의 연금 수령액은 은퇴 직전 임금의 약 50~70% 수준이었다.

ATP가 없거나 소액인 이들을 위해 1969년 보충연금제도가 도입되었다. 노령 인구의 소득 격차를 줄이고자 한 것으로 그 수혜자 중에는 고령자와 여성이 많았다.

1992년부터 추진한 개혁은 스웨덴의 모든 정책 과정이 그렇듯이 광범한 사회적 합의를 바탕으로 면밀한 심의를 거쳐 실현되었다. 사민당, 온건당, 중앙당, 자유당, 공산당 등 5개 정당의 연금 전문가들이 참여하는 연금개혁작업반이 구성되었다. 정당뿐만 아니라 사회사업청 등 정부 기관, 경제계, 법조계 인사들도 참여하였다.

이 작업반에서 1994년 내놓은 연금개혁안이 의회에서 심의되었다. 수정과 보완을 거쳐 1998년 마련된 최종 법안이 의원 85%의 지지로 의회를 통과하여 2000년부터 시행에 들어갔다.

이제 연금은 크게 보장연금, 소득연금, 프리미엄연금 등 세 부분으로 구성된다. 보장연금은 모든 국민에게 안정된 노후를 보장하는 부분으로 과거의 기초국민연금에 해당한다. 매년 물가수준을 참작하여 해당 연도의 연금 기본액을 정하기로 하였다. 보장연금은 정부의 조세 수입으로 충당한다.

소득연금은 국가가 관리하는 일종의 연금보험 제도로 볼 수 있다. 은퇴할 때까지 국민은 소득의 18.5%에 해당하는 연금 보험료를 지불한다. 이 중 16%는 그해 연금 수급자의 급여로 사용되고 2.5%는 프리미엄연금 기금으로 적립된다. 국민 각자가 낸 보험료는 연금 수준 산정의 기초가 된다. 단, 일정 수준 이상의 소득에 대해서는 그 초과분이 보험료 및 연금 계상에서 제외된다.

프리미엄연금은 앞에서 언급한 소득의 2.5%에 해당하는 연금 보험료를 적립한 것을 기금으로 지급된다. 이 금액은 보험 가입자가 직접 선택하는 주식 투자로 돌려진다. 프리미엄연금관리공단이 가입자에게 주식 이윤 변동 상황과 함께 적립 총액을 매월 알려준다.

가입자가 주식의 선택에 관하여 적극적인 의사를 표시하지 않을 경우 펀드회사가 이를 관리한다. 이 경우 시장 상황의 변동에 덜 민감한 주식에 투자하여 수익률은 낮을 수 있으나 안정성이 보장되도록 한다. 공단은 가입자가 연금 수령 연령이 되면 해당 주식을 매도하여 연금으로 지불한다. 이 부분은 적립식 주식 저축 형태의 사보험 제도와 유사하다.

민영화

스웨덴의 복지 체제를 구축하는 과정에서 경제의 공공 부문 비중이 매우 높아졌다. 공공 지출이 GDP에서 차지하는 비중이 1960~1980년 사이 거의 2배로 증가하였다. 1993년에는 67%로 최고치를 기록하였으며 같은 해 누적 재정적자는 GDP의 70%에 달하였다.

1992년 들어선 보수·중도 연립정부는 재정 건전성 강화를 주요 정책 목표로 설정하여 공공 서비스를 대폭 민영화하게 된다. 체신, 통신, 전기, 철도와 대중교통 등 주요 기간산업이 민영화되었고 공공의료의 일부와 양로 서비스도 사기업이 경쟁 입찰에 참여하여 수주할 수 있게 하였다.

새로 문을 연 보건소나 유치원의 다수가 사립이다. 교육 부문에서는 학교 바우처 voucher 제를 도입하고 사립학교의 설립을 자유화하며 기존 공립학교와 경쟁토록 하였다.

상당수의 대형 공기업을 민간에 매각한 결과 공공부채가 크게 감소하여 1993년에는 GDP의 70%에 달했던 것이 2010년에 이르러서는 37% 수준으로 감소하였다. 같은 기간 동안 정부 예산은 11% 적자에서 0.3% 흑자로 돌아섰다. 이 덕분에 2007~2008년의 세계 금융위기를 무난히 넘길 수 있었다.

공공 서비스의 민영화로 서비스의 질이 일부 저하되었다는 비판이 있었으나 복지 제도의 기본 틀은 유지되고 있으며 지금으로서는 국민의 서비스 선택의 여지를 넓힘으로써 효율을 높여나갈 수 있도록 노력하고 있다.

고용 증대에 주력한 전략적 선택

앞서 살펴보았듯이 스웨덴은 경제 세계화의 도전을 맞아 실업의 최소화, 고용 증대에 모든 국정 역량을 집중하였다. 여기에 정책의 초점을 두고 다른 여러 분야의 정책을 조정하였다. 우리가 특히 주목할 만한 면을 다음과 같이 요약할 수 있겠다.

i. **적극적 노동시장 정책**

실업자를 구제한다는 차원을 넘어 근로자가 역량을 재충전하고 좋은 일자리를 찾을 수 있도록 지원하였고 노동시장청의 기능을 대폭 강화하였다. 저임금 공공 일자리 마련 등의 임시방편 대책은 아예 고려되지 않는다.

ii. **거시적 교육정책**

국민 전체의 학력이 향상되도록 하며 지식정보화 경제·사회에 적응할 수 인재를 양성하였다. 진취적 시민의식을 고취하며 사회의 생산성을 높이고자 하였다.

iii. 투자 환경의 개선

적극적 노동시장 정책과 거시적 교육정책이 실업 문제를 완화하며 고용을 증진하는 실효를 거둘 수 있도록 투자 여건을 개선하였다. 고용시장이 유연해지면서도 노사관계의 안정이 유지되었다. 한계소득세율과 법인세를 인하하고 재산세·증여세·상속세를 폐지하는 등 세제를 개혁하여 투자 자원의 확충 및 가동이 원활해지도록 하였다. 기업가의 투자 의욕을 불러일으키지 못한다면 실업 문제의 해결을 기대하기 어려울 것이었다.

iv. 연금제도 개혁

연금 기금의 고갈을 방지하고 근로 의욕을 진작하기 위하여 연금제도를 수혜기준체계 defined benefit system에서 기여기준체계 defined contribution system로 개편하였다.

v. 민영화

재정 건전성을 회복하기 위해 공기업의 민영화를 추진하였다. 교육의 효율과 복지 서비스의 생산성을 제고하기 위해 '경쟁'의 개념을 도입하였다.

이와 같은 정책이 모든 문제를 해결하진 못하였다. 그리고 부작용이 없었던 것도 아니다. 그러나 경제·사회의 운영에 있어 가장 우선적으로 고려되어야 할 '사람'의 절실한 문제, 즉 실업 문제 해결에 정책 역량을 집중한 것은 매우 전략적인 선택이었다. 이 전략은 경제의 활력을 진작하는 효과가 따랐고, 국민 각자의 역량을 제고하며 창의성을 고취하는 교육 정책은 다양한 새로운 형태의 기업 활동을 낳았다. 특히 IT, 지식 서비스, 디자인 산업 분야에서 세계 시장을 선도하는 신진 사업가들이 출현하였다.

한국의 실업 문제 완화를 위해

지금 우리 정부는 실업 해소, 최저임금 인상, 기준근로시간 단축 등의 목표를 동시에 이루고자 한다. 그런데 이들 여러 목표가 서로 상충될 수 있는 문제가 있다. 이를테면 최저임금을 인상하며 기준근로시간을 단축하면 우리 경제와 국민 생활의 큰 부분을 차지하는 중소기업, 소상공인들뿐만 아니라 대기업마저도 경영 여건이 어려워질 수밖에 없다. 고용을 줄여 기업의 수지를 맞추려는 경향이 생겨날 것을 예상할 수 있다. 이런 상황에서 기업은 국내에서의 신규 투자를 꺼리고 해외로 투자처를 찾아 나설 수도 있다.

사실 이와 같은 부작용은 이미 나타나고 있으며 이는 실업 문제의 악화로 이어지고 있다. 일자리를 늘려 실업을 완화해야 하는 가장 중요한 목표는 점점 이루기 어려워지고 있다. 정부는 기업에게 투자를 격려하고 있으나 투자 환경의 개선이 이에 앞서야 할 것으로 보인다.

스웨덴의 사례와 같이 실업의 최소화, 일자리 창출을 정책의 최우선 순위에 놓고 다른 분야의 정책은 이 가장 중요한 목표를 이루기 위한 하부 정책으로 설계한다면 정책의 선순환이 가능할 것으로 기대된다.

우선 투자 환경의 개선과 국민의 진취적인 시민의식 고취, 역량 개발 및 재충전을 위한 교육 환경의 개선을 정책의 양대 주축으로 설정할 수 있을 것이다. 즉 기업이 만드는 일자리와 창의력 넘치는 노동력이 결합하여 산업 생산성이 높아진다면 기업은 임금을 인상할 수 있는 여력을 갖게 될 것이다. 이러한 과정에서 자연히 임금수준이 향상된다면 이는 소비의 증가로 이어지며 경제 전체의 활력이 유지될 것이다. 노동력의 질도 계속 향상되고 기업은 잉여 수익 혹은 신규 자본을 동원하여 투자를 늘릴 수 있을 것이다.

앞의 논의에서 드러나듯이 정부 주도의 임금 인상보다 기업과 근로자 간의 자율적인 조정에 따른 임금 수준의 결정이 바람직하다. 그리고 적정한 근로시간은 업종과 기업에 따라 천차만별일 것이므로 이를 일률적으로 규율한다면 상당한 부작용이 따를 것을 예상할 수 있다.

　정부의 임무는 기업의 자발적인 투자, 의욕과 창의성 넘치는 국민의 생산 활동이 자연스레 결합될 수 있는 환경을 조성하는 데 있다. 그렇게 하여 산업의 생산성 향상 - 임금 수준 상승 - 소비 증가 - 경제 성장 - 국민 삶의 질 향상 - 기업의 재투자 - 국민 교육 수준의 계속 향상으로 이어지는 선순환 구조를 전망할 수 있을 것이다.

　이 맥락에서 우리 교육 제도의 개선을 위해 다음과 같은 희망을 품어 본다.

교육제도 개선에 대한 단상

한국과 스웨덴의 교육 체제는 그 역사적 배경이나 발전 과정, 그리고 현재의 사회적 여건이 매우 달라 직접 비교하거나 우열을 가리기는 어려울 것이다. 그러나 스웨덴 교육 체제가 운영되는 모습을 보며 다음과 같은 생각이 떠오른다.

　가. 우리의 **공교육을 강화**하여 공교육 + 사교육의 중복으로 발생하는 사회적 비용을 줄여나가야 하지 않을까?

나. 입시 준비에 주력하기보다 **개인의 창의성을 개발**하는 교육으로 발전시킬 수 없을까?

다. 스웨덴의 **콤북스와 같은 성인학교** 제도를 우리 여건에 맞게 응용하여 직업학교 혹은 정규 학교 과정을 보충할 수 있는 교육기관으로 발전시킬 수 없을까? 입시 혹은 취업에 한 번 실패하더라도 자신을 재충전하여 진로를 열어나갈 수 있도록 제도화할 수 없을까?

라. **교육 인력을 확충**하기 위한 중장기적 투자는 좋은 일자리를 창출하는 전략이 될 수 있을 것이다. 스웨덴 등 스칸디나비아 국가들의 교사:학생 비율은 대개 1:10 정도이다. 대학에서도 교수:학생 비율이 이와 같은 수준이다. 교육의 질 향상은 바로 노동력의 생산성 제고와 국가경쟁력의 강화로 이어질 것이다. 교육을 통한 국민 역량의 강화가 가장 생산적인 복지정책이라고 할 수 있다.

외교의 품격

9

"대외 정책이 체계적인 논리로 구성되고
일관성을 유지할 때
국제사회가 신뢰하고 존중하는 나라가 된다."

전쟁국가에서 평화국가로

스웨덴은 동북쪽의 핀란드, 서쪽의 노르웨이, 서남쪽의 덴마크와 함께 스칸디나비아 문화권을 이룬다. 동쪽으로는 발트해를 건너 에스토니아, 라트비아, 리투아니아와, 그리고 남으로는 폴란드, 독일과 이웃하고 있다.

역사적으로 스웨덴의 힘이 밖으로 뻗어나가던 때가 있었다. '종교전쟁'으로도 불리는 30년 전쟁(1618~1648)에서 승승장구하며 발트해 연안의 광범한 지역을 장악하였다. 지금의 에스토니아, 라트비아, 그리고 북부 독일의 일부까지 스웨덴의 권역으로 들어오게 되었으며 영토의 넓이로서는, 러시아를 제외한다면, 유럽 최대의 왕국이 되었다.

이렇게 전쟁을 통해 영토를 넓혔던 과거의 스웨덴과 UN 평화 이념의 사도로 헌신하고 있는 오늘날의 스웨덴은 같은 나라가 아닌 것 같이 느껴진다. 이 나라가 전장戰場을 떠난 지 오래인 때문일 것이다.

스웨덴이 치른 마지막 전쟁은 1808~1809년에 걸친 러시아와의 전쟁이었다. 그 결과 12세기 이래 스웨덴의 일부를 이루었던 핀란드가 러시아로 넘어갔다.

이후 스웨덴은 전쟁의 상처를 씻고 정치·경제의 근대화에 주력하게 된다. 몽테스키외 Montesquieu의 삼권분립론을 수용한 새 헌법이 제정되고 경제·사회 자유화의 개혁이 이루어진다. 그리고 스웨덴은 유럽 강대국 정치에서 한발 물러서 200년 넘게 평화를 유지하였다. 양차 세계대전에도 뛰어들지 않았다. 과거의 수많은 전쟁을 통하여 전쟁의 무의미함을 터득한 것일까?

스웨덴의 외교정책은 이러한 역사적 경험을 바탕으로, 그리고 특수한 지정학적 여건에서 진화한 것이다. 두 세기에 걸쳐 전쟁에 휩쓸리지 않고 민주주의를 발전시켜온 자부심이 전후 중립정책을 가능하게 하였다.

자유진영 우산 아래의 중립정책

덴마크와 노르웨이의 중립정책은 제2차 세계대전 중 독일군에게 점령당하는 고난을 겪으며 빛을 잃었었다. 핀란드는 대전 벽두에 소련의 침공을 맞아 막대한 희생을 치러야 했다.

전후 지정학적 여건으로는, 발트해 건너편의 에스토니아, 라트비아, 리투아니아가 소비에트 연방으로 편입되기는 하였으나 동북쪽으로는 형제국 핀란드가 소련의 군사적 위협에 대한 방파제가 될 수 있는 형국이었다. 서쪽으로는 노르웨이 및 덴마크와의 유대 관계가 다시 발전할 수 있는 전망이었다.

노르웨이와 덴마크가 나토North Atlantic Treaty Organization, NATO

(북대서양조약기구)에 가입하여 스웨덴은 중립국의 지위를 유지하면서 사실상 자유진영 집단안보체제의 우산 아래 들어가게 된다.

스웨덴의 중립정책은 국가 안보를 위한 전략이었다. 공식적으로 "전쟁 시 중립을 유지할 수 있기 위해 평화 시 군사 동맹에 가담하지 않는다"라는 원칙을 표방하였다. 주변국 간 전쟁이 발발하더라도 자신의 독자적 평화 정책을 유지한다는 취지였다.

이 원칙을 지키기 위해 스웨덴은 상당한 군사력을 보유하였다. 주변국들 간 군사적 충돌이 일어나는 상황에서 어느 쪽에도 기울지 않는 독립을 유지할 수 있도록 최첨단의 방위력을 확보하고 있어야 했다.

안보 협력 네트워크

그런데 전후 세계정치 상황에서 이러한 전통적인 중립정책에 다른 요소가 들어오게 된다. 자유진영과 공산진영의 대립이라는 초유의 상황에서 자유민주주의 국가 스웨덴의 가상적은 당연히 소련이었다. 사실 유일한 가상적이었다.

안보정책에 이데올로기의 요소가 배합될 수밖에 없었다. 따라서 중립정책의 기준은 유지하되 자유진영과의 유대를 공고히 하며 안보의 내용을 충실히 해야 했다.

소련이 핵무기를 보유한 초강대국으로 등장하며 스웨덴의 전통적 일국중심적 −國中心的 안보 전략이 수정될 수밖에 없었다. 안보 문제가 세계화한 상황에서[6] 이 나라 외교정책의 지평도 세계로 넓어졌다. 핵 전쟁이라는 최악의 가상적 상황에 대비한 전략을 수립해야 했다.

점차 미국을 포함한 나토 NATO 국가와의 비공식적인 안보 협력 네트워크가 형성된다. 소련이 서방으로 군사 공격을 감행할 경우 스웨덴 남부의 군사 기지를 독일에 배치된 나토 공군력이 사용할 수 있도록 하였다. 스웨덴의 고속도로는 전시에 나토 공군의 활주로로 활용될 수 있도록 설계되었다.

스웨덴과 미국 고위 군사 당국자 사이에서 문서로 남기지 않은 합의에 따른 것이었다. 이런 인적 네트워크에 의한 안보 협력은 스웨덴과 이제 나토 회원국이 된 노르웨이 및 덴마크의 군부 지도자들 간에도 유지되었다. 이런 네트워크의 구조 속에 안보 협력의 지속성과 예측 가능성에 대한 신뢰가 쌓여갔고 정치권의 최고위층도 이런 협력망 協力網의 가치를 인정하였다.

러시아도 이와 같은 협력 구도의 존재를 알았을 것이다. 그러나 이를 문제로 제기하지 않았던 것은 스웨덴 중립정책의 일관성

---

6 한 국가나 지역의 안보 문제가 세계적 의미를 갖는 제2차 세계대전 후의 상황을 '안보 문제의 세계화'로 이해할 수 있겠다.

에 대한 신뢰가 있어서였다. 스웨덴의 공식적인 중립정책은 소련 안보에도 득이 되는 요소였으며 이를 의심하지 않는 것이 소련에게도 바람직하였다.

사실 스웨덴은 소련의 안보 위협 의식을 완화하기 위해 부단히 노력하였다. 소련이 처음 제의한 유럽안보협력회의 Conference on Security and Cooperation in Europe, CSCE가 구현될 수 있도록 원숙한 외교력을 십분 발휘하였다. CSCE를 통해 추구한 동·서 양 진영 간의 군사적 신뢰 구축과 인적, 물적, 문화적 교류의 증진이 긴장완화 détente의 기운을 유지하는 데 기여하였으며 궁극적으로 동구권 내부의 변화를 유도하였다.

촘촘해지는 협력망

스웨덴은 자유진영 내 다른 분야에서의 네트워크 구축에도 적극적이었다. 1948년 4월에 발족한 유럽경제협력기구 Organization of European Economic Cooperation, OEEC의 창설회원국으로 활동하였다. 서유럽 18개 국가가 회원국으로, 미국 및 캐나다가 준회원국으로 참여하는 조직이었다.

초기 OEEC의 주된 임무는 미국의 유럽 경제 복구 프로그램이었던 '마셜플랜 Marshall Plan, 1949~1952'이 원활하게 집행되도록 지원하는 일이었다. 마셜플랜이 마무리된 이후에는 회원국 간의 무역 자유화를 위해 노력하며 다자 간 국제결재기구도 설치하였다. 1960년대에 들어 후진국 개발 문제가 세계경제의 중요 이슈로 떠오르며 OEEC는 그 활동 기반을 넓혀 경제협력개발기구 Organization for Economic Cooperation and Development, OECD로 발전하게 된다.

스웨덴은 1949년 5월에 발족한 유럽회의 Council of Europe의 출범에도 기여하였다. 유럽회의는 각료위원회, 평의회, 그리고 유럽인권재판소로 구성된 서유럽 16개 국가들 간의 협의체로서 유럽경제공동체 European Economic Community, EEC와는 달리 국가 간의 정치적 통합을 강조하지 않았으며 보다 광범위한 공동 관심사를 논의하는 대화의 장이었다.

1959년 11월 스톡홀름에서 열린 총회를 통해 유럽자유무역지대 European Free Trade Area, EFTA가 발족하였다. EFTA는 EEC의 관세동맹 및 공동시장 체제에 가입하지 않았던 스웨덴, 영국, 오스트리아, 덴마크, 노르웨이, 포르투갈, 스위스 등이 조직한 정부 간 기구 Inter-Governmental Organization, IGO였다. EEC가 초국가적 통합을 지향했던 것과는 달리 무역 자유화에 주력한 협의체였다. 출범 당시 회원국들 간 공산품에 대한 관세를 매년 10% 인하하기로 하였다.

냉전 해체와 유럽연합EU 가입

냉전 체제가 해체되며 동·서독이 통일을 향해 발걸음을 재촉하는 가운데 스웨덴 정치권과 경제계에서는 이제 보다 적극적으로 유럽 통합 과정에 기여해야 한다는 인식이 확산되었다.

냉전기 중 스웨덴에서는 서유럽의 정치적 통합 과정의 전면에 나서는 경우 전통적인 중립정책에 대한 신뢰가 약화될 수 있다는 우려가 있었다. 동구 공산권의 시선을 의식한 것이었으나 이제 소련이 해체되며 러시아에도 변혁의 바람이 불고 있었고 발트 3국(에스토니아, 라트비아, 리투아니아)이 독립하였다. 구 동구권의 폴란드, 체코, 헝가리 등도 EU의 큰 텐트 안으로 들어올 전망이었다.

스웨덴의 유럽연합 가입은 어떻게 보면 자연스러운 과정의 한 단계였다. 앞에서 살펴보았듯이 이미 EU의 주축 국가들과 경제, 문화 부문에서 하나의 권역圈域을 이루어 가고 있었다. 1990년대 초의 스웨덴에게 유럽연합 가입 여부는 향후 유럽공동체 발전에 자국이 얼마나 능동적으로 기여할 것인지의 문제였다.

결국 EU에 가입하여 자국의 정치 역량으로 유럽의 미래를 위해 영향력을 행사하며 지역 통합의 과실을 함께 거두어들이는 길을 택하였다. 스웨덴은 1995년 정식 회원국이 된 이래 괄목할만한 외교력을 발휘하며 EU의 정책 발전에 기여하였다.

한국과 스웨덴

한국과 스웨덴 간의 지리적인 거리가 두 나라 간의 우호 관계 발전을 가로막진 않았다. 일제 시대부터 인적, 문화적인 접촉을 통해 싹트기 시작한 유대는 시대의 변천과 더불어 성숙하였다.

6·25 전쟁이 발발하자 스웨덴은 유엔 안보이사회의 요청에 부응하여 야전 의료단을 한국에 파견하였고 스웨덴 야전병원은 휴전협정 후에도 부산에 남아 의료 서비스를 제공하였다. 1957년에 모국으로 돌아가기까지 연인원 1,124명의 스웨덴 의사와 간호사 및 보조 요원들이 2백만 명 이상의 한국군, 유엔군, 그리고 민간인들을 치료하였다.

스웨덴 야전병원은 1958년 11월 서울에서 개원한 국립의료원의 모태가 되기도 하였다. 스칸디나비아 병원으로도 알려진 국립의료원은 부설 간호학교를 두고 한국 의료 기술과 서비스 향상에 크게 이바지하였다.

스웨덴은 휴전협정에 따른 판문점 중립국감시위원단의 일원이기도 하다. 한국 측 판문점에서는 스웨덴과 스위스가, 북측에서는 폴란드와 체코가 휴전협정의 준수를 감시하도록 되어 있다. 북한이 폴란드와 체코의 역할을 무력화시킴에 따라 이 두 나라의 감시단은 사실상 퇴거하였으나, 스웨덴과 스위스는 계속 본연의 임무를 수행하고 있다.

이와 같은 역할과 기여로 인해 스웨덴은 우리 뇌리에 평화와 인도주의 이상을 구현하는 나라로 새겨져 있다.

국제사회가 신뢰하는 외교

스웨덴은 체계적인 논리로 구성된 외교 정책을 통하여 국제사회가 신뢰하는 나라가 되었다. 외교정책 전체의 내용은 국제 환경과 그 속에서의 스스로의 위치와 바람직한 역할에 대한 인식을 반영하였다. 정책의 논리와 내용뿐 아니라 정책 형성과 집행 과정도 체계적이었다. 안보, 국제경제 등 각 분야에서 식견과 경험을 쌓은 전문 인력이 정책의 형성과 실현을 위한 국제 협력 네트워크의 주역이었다. 이렇게 하여 분야별로 정부 각 부처의 국제 관계를 관리하는 노하우가 축적되어 갔다.

정책 협력 과정에서 구축되는 국제적 인적 네트워크는 실무의 수행을 원활하게 하였다. 그리고 정책 당국자 간 정보, 가치관, 세계관, 미래에 대한 비전을 교환하고 공유하는 협력의 망網으로 성숙하였다. 이와 같은 정책 환경 속에 서로의 사고와 행동이 예측 가능하게 되고 상호 신뢰가 쌓여갔다.

무엇보다도 안보 정책의 안정과 내실화에 주력하였다. 앞에서 살펴보았듯이 제2차 세계대전 후 조성된 국제 환경에서 미국과 나토 회원이 된 스칸디나비아 형제국(덴마크와 노르웨이)과의 긴밀한 협력을 통하여 스스로의 안보를 충실히 하며 자유진영의 안보 협력 체제를 공고히 하는 데 기여하였다.

한편 동서 간 긴장 완화의 기운을 조성하는 데도 적극적이었다. 핀란드와의 전통적인 사회·경제적 유대를 돈독히 하며 소련의 안보 위협 의식을 완화하는 성숙한 외교를 펼쳤다. 전통적인 중립 외교의 노선은 이 과정에서 유용한 자산으로 작용하였다. 유럽안보협력회의 CSCE 과정에서 스웨덴의 외교 역량이 유감없이 발휘되었다.

경제 외교의 분야에서는 자유진영 국가 간의 교역 증진과 협력 체제 구축을 위해 노력하였다. 유럽경제협력기구 OEEC, 경제협력개발기구 OECD, 유럽자유무역지대 EFTA 등 국제기구의 주축 회원국으로 활동하였다.

이와 같은 역할은 동서 냉전이 해체된 후 유럽연합 EU의 정식 회원국이 되며 더욱 적극적으로 펼쳐졌다. 스웨덴은 자신의 경제력과 외교력을 동원하여 유럽연합이 발트 3국을 포용하는 과정과 동유럽 구舊 공산권 국가들의 체제 변환이 순조로이 이루어질 수 있도록 지원하였다.

스웨덴의 외교는 안보, 경제 등 국제관계의 실질적인 면을 중시하면서도 유엔헌장의 이상을 구현하는 데도 적극적이었다. 매년 국민총생산 GDP의 1% 이상을 개발도상국 원조를 위해 사용하며 유엔 평화유지군 활동에도 기꺼이 참여해 왔다.

앞에서 우리가 부분적으로 살펴본 바와 같이 실질적 국가이익과 국제주의적 이상을 동시에 추구하는 스웨덴 외교정책의 총체를 다음과 같이 요약할 수 있겠다.

i. 전통적 중립정책의 유지

ii. 자유진영 우방 국가들과 안보 협력 체제 구축

iii. 동·서 간 긴장 완화 détente와 상호 이해 증진 및 협력 관계 조성을 위한 노력

iv. 유엔 헌장의 정신을 구현하기 위한 적극 외교: 개발도상국 원조, 유엔 평화유지군 파견, 인권 보호와 민주주의 확산을 위한 연대

v. 스칸디나비아 국가 간 유대와 지역 협력 강화

vi. 평화와 공동 번영을 위한 다양한 국제기구 활동과 국가 간 협력 구도 발전에 헌신

vii. 세계 자유 무역 체제의 안정과 확대에 기여

흔들리는 한국 외교

앞에서 보았듯이 다음과 같은 요소들이 국제사회에서 스웨덴에 대한 긍정적인 이미지 image가 형성되는 데 작용하였다.

i. 체계적인 논리를 바탕으로 구성된 외교정책

ii. 경륜과 식견을 쌓은 전문가들이 외교 정책 형성과 집행 과정 관리

iii. 자유진영의 일원으로 우방국과 안정된 정책 협력 네트워크 구축 및 운영

iv. 인권, 평화 및 공동 번영의 가치를 추구하는 적극 외교

v. 외교정책의 일관성 유지

이와 같은 면들을 외교정책의 성공을 위한 기준으로 삼는다면 최근 우리 정부가 보여주는 외교 행보는 상당히 불안해 보인다. 특히 2018년 9월의 평양 남북정상회담 시에 나온 '군사 분야 합의서'의 내용은 한반도 안보 상황을 개선하지 못하고 오히려 역효과를 초래하였다는 지적을 받고 있다.

이 합의서에서 휴전협정상의 군사분계선을 중심으로 서부전선은 남·북으로 각각 20㎞까지, 동부전선은 40㎞까지 비행금지 구역을 설정하였다. 이는 우리 군의 전방 감시 기능을 약화시켜 기습을 당하거나 불의의 사고가 발생할 경우 과도하게 대응할 수 있는 위험성이 높아졌다는 우려를 낳았다. 군사적 신뢰 구축을 위해서는 공격 무기는 줄이고 감시와 정찰 기능은 늘려 서로 상대방의 의도와 능력을 확인해야 하는데 이런 기준에 역행하였다는 평가였다.

서해에서는 북방한계선 Northern Limit Line, NLL을 기준으로 할 때 북쪽으로 50㎞, 남쪽으로 85㎞에 이르는 완충 수역을 설정하여 포병·함포 사격과 해상 기동 훈련을 중지하기로 하였다. 이 부분에 대한 합의도 절제의 상호 균형 원칙에 맞지 않으며 북한의 요구를 대폭 수용한 결과로 보인다.

이와 같은 합의가 나오는 과정에 안보정책, 군비통제, 대북협상에 식견과 경험을 쌓은 국방부, 외교부 전문가들의 견해가 적절히 반영되지 못한 것으로 알려졌다. 안보 협력 파트너인 미국 측과의 협의도 부실했던 것으로 보인다.

합의서가 나온 후 미국 국방부는 "한국과 함께 (그 내용을) 철저히 검토·논의할 것"이라는 입장이었다. 폼페이오 국무장관은 문재인 정부의 의도에 대한 의구심을 나타냈다. 동맹 파트너인 미국과의 사전 조율이 충분치 않았던 것이다.

'군사 분야 합의서'뿐만 아니라 남북 정상 명의의 '9·19 선언'도 조급한 마음에서 나온 듯하다. 남·북한을 관통하는 동·서해선 철도와 도로를 연결하는 사업을 연내에 착공하겠다고 발표하였는데 사실상 실현할 수 없는 사업을 착공부터 하고 보겠다는 것이었다. 한국 정부가 이 같은 방대한 사업의 재원을 마련할 수 있는 여건이 아닌데도 불구하고 충분한 검토 없이 서둘러 합의한 것으로 보인다.

이만한 규모의 사업이 실행되려면 세계은행 World Bank 등 국제

금융 기관의 지원이 있어야 할 터인데 북한 핵 문제로 인한 국제적인 제재가 풀리지 않은 상황에서는 사실상 실현 불가능한 사업이었다.

북한과 실행되지 못할 약속, 지속 가능성이 의문스러운 합의를 양산하는 것은 남·북 간 신뢰 구축에도 도움이 되지 않는다. 또한 전체 사업의 추진을 위한 준비 없이 착공 계획을 발표한 것은 북한 핵 문제로 인한 유엔 대북 제재의 명분을 약화시킬 수도 있는 문제가 있다.

사실 문재인 정부는 북한 핵 문제를 신중히 다루지 않는다는 인상을 준다. 문 대통령은 2018년 9월의 남북정상회담 후 한 달이 지나지 않아 유럽을 순방하며 영국, 프랑스, 독일, 이탈리아 정상들에게 북한의 비핵화를 촉진하기 위하여 유엔의 대북 제재를 완화하는 것이 바람직하다고 주장하였다. 그의 견해는 "김정은 위원장이 비핵화 의사를 표명하였으니 이를 믿고 북한의 '단계적 비핵화 조치'에 맞추어 제재를 완화하자"는 것이었다.

그러나 유럽 정상들은 실질적인 비핵화 조치가 확인될 때까지 대북 제재가 계속되어야 한다는 반응이었다. 북한이 단계적 비핵화 조치라고 하는 핵 실험장과 미사일 발사대의 일부 폐기 등의 의미를 과대 해석해서는 안 된다는 입장이었다. 사실 미국의 정책 논리도 이와 맥락을 같이 한다. 미국은 북한이 전면적인 핵 리스트를 제출하고 사찰에 응해야 제재 완화가 가능할 것이라고 본다.

유럽 주요 국가들과 미국의 상황 인식이 이와 같은 것은 어제 오늘의 일이 아니다. 북한은 과거 여러 차례 비핵화에 합의해 놓고 이의 실행을 검증하는 단계에 들어가면 약속을 뒤엎었다. 이를테면 한국, 북한, 미국, 중국, 일본, 러시아가 참여한 6자회담의 결과 2005년 9월 19일 나온 공동선언에서 북한은 포괄적인 비핵화를 약속하였으나 며칠 지나지 않아 이 합의를 깨고 핵 개발에 박차를 가했다. 이같이 약속을 뒤엎는 일은 그전에도 여러 차례 있었다.

이러한 경험을 통해 우리는 북한이 협상 과정에서의 발언이나 합의문의 내용과는 다른 자신의 진정한 의도를 숨기며 또 문서상의 약속도 파기하는 것이 우연한 일이 아니라는 것을 알게 되었다. 기만, 약속 뒤엎기 등도 협상 전략의 일부였던 것이다. 이런 경험의 직접 당사자인 미국이나 이를 지켜본 유럽 국가들이 '실질적인 비핵화'가 중요하다고 보는 것은 당연한 일일 것이다.

문 대통령도 유엔의 강력한 대북 제재가 북한을 협상 테이블로 이끌었다고 하며 미국의 대북 정책을 긍정적으로 평가하였었다. 그런데 '김정은 위원장'의 말 한마디에 비핵화가 되돌릴 수 없게 공식화되었다고 하며 제재를 완화하자고 하니, 우리가 북한과의 수많은 협상에서 경험한 것은 잊어버린 듯싶다.

우리는 지난 30년간에 걸친 북한과의 협상을 통해 남·북한 관계는 매우 긴 호흡으로 관리해야 한다는 것을 알게 되었다. 북한과의 합의는 되도록 신중히, 실행 가능한 일에 국한하는 것이 바람직하다. 그리고 지금은 대북 정책의 초점을 북한 핵 문제 해결에 맞추어야 할 때이다. 북한이 우리의 의도를 그릇 읽는 일이 없도록 정책의 논리 체계를 재정비하고 우방과 유엔 등 국제기구와의 정책 협력 체제를 공고히 해야 한다.

대외 정책은 체계적인 논리, 언사言辭, 행동으로 일관성이 유지되어야 한다. 그리고 정책의 실현 가능성, 효능과 부작용에 대한 면밀한 검토를 거쳐 나와야 한다. 이해 당사국에 대한 배려와 협력 파트너와의 협의, 조율을 통해 결정되어야 한다. 이렇게 일관성과 체계성을 갖출 때 협상 상대와 국제사회가 우리를 신뢰하고 존중하게 될 것이다.

우리가 스웨덴 외교에 대하여 논의할 때 평화 외교, 중재 외교, 인권 외교 등의 면면에 주목한다. 그러나 이와 같은 국제주의적 '이상'을 추구하는 외교는 자국 안보의 실질을 튼튼히 하는 동시에 자유진영의 안보 협력 체제에 기여하는 정책으로 뒷받침된다는 사실을 간과하는 경우가 있다. 우리 외교의 신뢰성 회복을 위해 특히 유의해야 할 부분이다.

스칸디나비아 발트Baltic 공동체

10

"정치와 사회 체제가 유사한 과정을 거쳐 진화하며
지역 공동체 의식이 무르익었다.
자유주의 사상, 의회민주주의, 사회복지 제도가
비슷한 진도로 정착하였다."

스칸디나비아 사회·문화 공동체

스웨덴, 덴마크, 노르웨이, 핀란드, 아이슬란드 등 다섯 나라는 모범적 복지국가로 우리에게 알려져 있다. 또한 이들 간의 관계는 공식화되지 않은 지역 통합의 한 모델로 여겨지기도 한다. 이들 국가는 서로의 독립과 주권을 존중하며 긴밀한 교류·협력 관계를 발전시켜 스칸디나비아 사회·문화권을 이룬다는 연대 의식을 공유하고 있다.

이들 간의 관계가 늘 우호적이고 평화적인 것은 아니었다. 중세기 이래 덴마크·노르웨이·아이슬란드가 한 진영을 이루고 스웨덴·핀란드가 그에 필적하였던 역사가 있다. 유럽 강대국 정치의 여파로 이곳의 판도가 재편되기도 하였다.

19세기 초부터는 유럽 산업화의 물결이 이 지역으로 밀려들어오며 경제·사회의 자유화 바람이 거세었던 시대에 스칸디나비아 다섯 나라가 점차 각기의 독립국으로 거듭나게 된다.

유럽을 뒤흔들었던 나폴레옹 전쟁의 결과 스웨덴은 핀란드를 러시아에 넘겨주고 이에 대한 보상으로 그때까지 덴마크의 영역이었던 노르웨이와 연합을 이루게 된다. 1814년 스웨덴·노르웨이 국가연합 Union이 공식화되었으나 노르웨이는 자신의 헌법, 의회, 그리고 내각 등 통치 기구를 유지하였다. 외교권만은 스웨덴 왕이 관장하는 구도였다.

노르웨이의 정치와 경제는 그 나름의 발전을 이루었다. 스웨덴에 앞서 의회 중심적 정치 체제, 즉 의회의 의석 분포에 따라 내각을 구성하는 제도가 정착하였다. 19세기 중반부터 해운업이 크게 확장되고 삼림 산업이 근대화되며 경제가 대폭 성장하였다. 문학과 예술 분야에서는 입센 Henrik Ibsen, 뭉크 Edvard Munch, 그리그 Edvard Grieg와 같은 대가들이 노르웨이 문화의 국제적 위상을 높였다.

19세기는 민족적 낭만주의 사조가 유럽 전역으로 확산되던 시대였다. 언어와 문화의 고유성에 대한 자의식이 강했던 노르웨이는 스웨덴으로부터의 완전한 독립을 요구하게 된다. 비상 상황을 맞은 스웨덴은 최초의 거국내각을 구성하여 국론을 모아야 했다.

스웨덴은 형제국의 독립 의지를 억누르지 않았다. 다소간의 우여곡절이 있었으나 노르웨이 국민투표에서 연합 해체안이 압도적인 지지를 얻어 양국 정부는 선린 善隣의 정신으로 관계 재정립의 조건에 무난히 합의하였다. 노르웨이 의회는 스웨덴 왕이 지명하는 왕자를 자국의 새 국왕으로 초빙하겠다고 제의하였으나 오스카 2세 Oscar II는 이를 사양하였으며 결국 덴마크 왕자가 독립국 노르웨이의 국왕 호콘 7세 Håkon VII로 즉위하였다.

러시아 제국으로 편입되어 자치 공국 公國의 지위였던 핀란드는 1917년 러시아 혁명 후 독립국이 되었다. 이듬해에 아이슬란드는 덴마크로부터 자치권을 얻었고 제2차 세계대전 중 독일이 덴마크를 점령한 상황에서 완전 독립을 선언하였다.

이렇게 다섯 독립 국가로 거듭나는 150년간의 역사는 갈등과 분리가 아닌 조정과 재편의 과정으로 이해할 수 있으리라. 방금 보았듯이 노르웨이가 스웨덴에게 독립을 요구하였을 때 양국은 신사적으로 연합 해체의 절차를 밟았다. 스웨덴과 핀란드 간의 올란드 Åland 섬 영유권 문제도 평화적으로 조정되었다(1921). 덴마크와 노르웨이 간의 동부 그린란드 Greenland 영유권 분쟁은 국제사법재판소의 판결에 따라 해결되었다(1933).

이렇게 조정과 타협을 통해 갈등의 요인을 해소해 간 것은 외부 세력의 간섭을 배제하는 전략이기도 했다. 이웃 형제 국가에 양보하더라도 외세의 영향을 차단하는 것이 바람직하다는 인식에서였다. 이런 연대 의식 속에 스칸디나비아 사회·문화 공동체가 성숙해 갔다.

스칸디나비아 국가는 산업화와 정치·사회 근대화의 과정을 함께 걸었다. 과학, 산업, 통상, 농업, 노동운동 등 다양한 분야의 인사들이 교류, 교감하는 모임이 정례화되었다. 각국의 법 체제를 조율하는 공동위원회도 구성되었으며 1875년 스칸디나비아 통화동맹이 발족하여 제1차 세계대전 발발까지 유지되었다. 한때 독일, 이탈리아 민족주의의 영향을 받으며 스칸디나비아주의 Skandinavismen 운동이 일기도 하였다.

세계정치와 지역 안보

제1차 세계대전이 발발하자 스웨덴, 덴마크, 노르웨이 3국의 국왕이 최초로 회동하여 중립을 선언하였다. 각국이 내심으로는 서로 다른 교전 당사국을 지지하였으나 중립정책의 원칙을 함께 지키기로 하였다. 이런 정책에 따른 유럽 다른 나라와의 통상 감축을 보전하기 위해 스칸디나비아 국가 간 물물교환 무역을 대폭 늘렸다. 1918년의 경우 역내 거래가 총 무역의 30%를 차지하였다.

스칸디나비아 각국의 안보 정책은 상호 간 무력 사용의 가능성을 계산에 넣지 않았다. 역사적 경험과 이웃을 배려하는 연대 의식을 공유하는 가운데, 갈등의 요인이 발생하더라도 상호 조정을 통해 평화적으로 해결하는 습성이 쌓여 서서히 비공식적인 '다자 안보 공동체'가 형성되었다.

제2차 세계대전 후 소련이 핵무기를 보유한 초강대국으로 부상한 배경에서 이 지역 국가들의 안보 정책은 재조정되어야 했다. 1948년부터 1949년까지 1년에 걸쳐 스칸디나비아 방위 동맹 구성을 위한 협상이 진행되었으나 보다 강력한 안전 보장의 장치를 대안으로 고려하게 된다.

결국 덴마크, 노르웨이, 아이슬란드는 나토NATO에 가입하였으며 스웨덴은 중립 노선을 유지하되 서방 자유진영과의 협력을 통하여 안보의 내용을 충실히 하였다. 핀란드는 중립정책과 소련과의 특수 관계를 안보 정책의 양대 축으로 삼았다.

서로 다른 역사적인 경험(예: 제2차 세계대전 중 독일군의 덴마크, 노르웨이 점령)과 지정학적 여건(예: 핀란드의 소련과의 근접성)에서 각기 다른 방향을 택하였으나 서로의 입장을 양해하였으며 전체적으로는 이들 다섯 나라의 안보 정책이 상호 보완하는 의미도 지녔었다.

핀란드의 소련과의 특수 관계와 스웨덴의 공식적인 중립정책은 소련의 안보 위협 의식을 완화하였다. 덴마크, 노르웨이, 아이슬란드의 서방 방위 동맹 가입은 스웨덴과 핀란드의 안보를 위한 방어벽이 되었다. 사실 스웨덴은 공식적인 나토 회원국이 아니었으나 덴마크, 노르웨이를 포함한 자유진영 안보 당국자와의 긴밀한 정책 조율 및 협력 관계를 유지하였다.

스칸디나비아 역내域內 방위 동맹의 구상은 실현되지 않았으나 전통적 유대와 협력 관계는 더욱 발전하였다. 다양한 정책 분야에서 정부 간 공동위원회가 구성되어 작동하였다. 많은 공공 정책들이 공동 기획, 수립, 집행되었다.

지역 의회 격인 북구위원회 Nordic Council가 1952년 발족하여 각국 국회의원들의 토의와 정책 발의의 장으로 기능하고 있다. 각료위원회 Council of Ministers는 상설 사무국을 두고 국가 간 정책 조정과 공동 기획의 임무를 수행한다.

그리고 다양한 협력기금이 조성되어 공동 문화, 산업, 개발 프로젝트가 추진되었다. 북구투자은행 Nordic Investment Bank도 출범하였다.

발트Baltic 3국의 합류

1991년 소련이 해체되며 발트해 연안의 에스토니아, 라트비아, 리투아니아가 독립하였다. 이들이 공산 체제의 유산을 청산하며 민주 국가로 거듭나는 가운데 스칸디나비아 국가들과의 옛 인연이 되살아났다.

특히 스웨덴은 이들의 체제 전환이 순조로이 이루어질 수 있도록 적극 지원하였다. 독립국으로서 내치와 외교를 정비하고 경제를 재건할 수 있도록 다방면의 협력을 제공하였다. 국가 대 국가의 지원을 통해서, 그리고 국제기구와의 협조를 통해 이들이 주권 국가로 일어서는 과정을 함께하였다.

스웨덴의 정책은 매우 체계적으로 구성되었다. 첫째, 민주주의의 정착을 위해 사법제도와 지방자치제도가 강화되도록 지원하였다. 스웨덴의 여러 비정부기구 NGO, 정당, 사회단체들이 발트 3국의 해당 기관과 교류하며 민주적 정치 풍토가 조성되는 데 기여하였다. 구 소련 해체 후 에스토니아와 라트비아에서 소수민족이 된 러시아인들이 새로운 정치·사회 환경에 적응할 수 있도록 이들을 위한 현지어 교육 프로그램 등도 지원하였다.

둘째, 중앙통제 경제에서 시장경제 체제로의 전환이 무난히 이루어지도록 교육 협력을 통한 정보·지식의 전파 및 교류에 힘썼다. 필요한 경우 재정 자원을 동원하여 경제 제도 개혁을 뒷받침하였다.

셋째, 독립국의 정부 기구 유지를 위한 인적 자원이 확보될 수 있도록 다양한 교육, 훈련 프로그램이 제공되었다. 외교관의 교육, 국경과 세관 관리를 위한 협력과 훈련, 민방위를 포함한 국방 교육도 포함하였다. 스웨덴은 발트평화유지부대 Baltic Peacekeeping Battalion, BALTBAT의 활동도 지원하였다.

넷째, 지속 가능 발전을 위한 환경 인프라 구축을 지원하였다. 대도시의 정수 및 하수 처리 시설 정비, 그리고 리투아니아의 이그날리나 Ignalina 원자력발전소에서와 같이 이 지역의 핵 안전을 위해 협력하였다.

스웨덴이 유럽연합 EU에 가입하고(1995) 사민당의 페르손 Göran Persson 수상이 취임한(1996) 후 발트 3국에 대한 정책은 더욱 적극적으로 펼쳐졌다. 이 기간(1995~1996) 중 스웨덴은 발트해국가위원회 Council of Baltic Sea States, CBSS[7]의 의장국으로 기능하

---

7 1992년 발족한 발트해국가위원회의 회원은 덴마크, 에스토니아, 핀란드, 독일, 아이슬란드, 라트비아, 리투아니아, 노르웨이, 폴란드, 러시아, 스웨덴, 그리고 유럽집행위원회(The European Commission)이다.

며 국제기구를 통한 발트해 지역 국가 간 협력의 폭을 넓혀 갔다.

CBSS를 통하여 추진한 협력 사업은 많은 부분 스웨덴이 발트해 국가들과의 쌍무 관계에서 주력한 분야와 일치하였다. 예를 들면 1996년의 비스비 Visby 정상회담에서 채택된 '발트 21 프로그램'의 근간을 이룬 것은 스웨덴이 늘 강조해온 '지속 가능한 경제발전'이라는 지침이었다.

스웨덴은 국내 안보 문제를 주요 의제로 부각시키고 조직범죄대책본부의 설치를 이끌어냈다. 그리고 '발트해국가지원단'의 구성을 주도하였으며 이 조직은 1998년부터 스톡홀름에 본부를 두는 CBSS 사무국의 모체가 되었다.

한편 미국도 발트해 국가들과의 연대 구축에 매우 적극적이었다. 1998년 워싱턴에서 발표된 미국·발트 헌장은 향후의 보다 광범위한 안보 공동체의 형성을 예고하였다. 에스토니아, 라트비아, 리투아니아는 2004년 나토와 EU에 가입하였다.

스웨덴은 이와 같은 대변동의 와중에도 러시아가 소외되지 않도록 배려하였다. 여러 국제기구 활동에 러시아가 참여하도록 독려하며 협력 안보 cooperative security의 분위기를 조성하였다. 스웨덴은 CBSS 활동에 러시아도 참여하고 있는 사실이 나토 확대에 대한 러시아의 두려움을 완화하며 지역 안정에 도움이 될 것으로 기대하였다.

외교 자원의 확충

1995년 EU에 가입한 이래 스웨덴은 그 외교 역량을 유감없이 발휘하였다. EU라는 보다 넓은 터전에서 더 많은 자원을 동원할 수 있었기에 스웨덴의 스칸디나비아·발트 프로젝트는 더 힘을 받게 되었다. 사실 스웨덴과 EU의 발트해 연안 지역에 대한 시각은 같은 방향을 향하고 있었다.

EU의 중부 및 동부 유럽으로의 확장은 당연한 것으로 전망되고 있었고 에스토니아, 라트비아, 리투아니아, 폴란드가 머지않은 장래에 EU의 텐트 안으로 들어오는 것은 스웨덴의 국익을 위해서도 바람직한 일이었다. 사실 스웨덴이 이 네 나라의 EU 가입을 가장 적극적으로 지원하였다.

이들 각 나라에 대한 경제 원조 외에 EU가 추진한 지원 프로그램에도 재정 자원과 노하우를 제공하였다. 이들의 경제 개혁과 민주 제도 구축을 위한 사업들이었다.

EU의 발트해 지역에 대한 관심과 투자는 스웨덴 국내에서 EU에 대한 긍정적인 여론이 확산되는 효과도 가져왔다. 국민투표에서 유권자의 52.2%만이 EU 가입을 지지한 스웨덴 사회에서 EU의 역할과 미래에 대해 다소 회의적인 분위기가 있는 것도 사실이었다. 그러나 발트해 국가들과의 역사적, 문화적 유대 회복에 대해서는 대다수 국민이 매우 호의적이었다.

그리고 스웨덴이 중립정책을 유지하며 러시아와의 관계를 신중하면서도 적극적으로 관리해온 것이 EU 회원국으로 활동하는 데 외교적 자산이 되었다. 스웨덴은 소련이 해체된 이래 러시아가 지속 가능한 경제 체제 변환을 이룰 수 있도록 개발 협력 등 가능한 지원을 제공하였다. 이와 더불어 광범한 분야에서 인적 교류가 이루어졌다.

EU로서는 스웨덴의 이러한 노력이 EU 전체가 러시아와의 관계를 개선하는 데 기여할 수 있기를 기대하였다. EU가 추구하는 공동외교안보정책 Common Foreign and Security Policy, CFSP의 가장 중요한 대상은 러시아였다. EU는 우선 러시아와의 비군사 분야 협력을 증진하는 데 주력하였다. 이와 같은 접근 방식에서 스웨덴이 러시아와 유지해왔던 관계는 EU 전체를 위하여 좋은 외교적 자산이 되었다.

환경 보호, 핵 안전, 에너지 협력, 무역, 교통·통신, 국민보건 등 제반 분야에서의 협력은 재정 부담이 비교적 크지 않으면서 정치적 긴장 관계가 조성되지 않는 분야였다. 스웨덴은 이 같은 분야에서 러시아를 꾸준히 지원해왔으며 특히 페르손 G. Persson 수상이 취임한 후 정부의 역점 사업으로 추진되었다. 스웨덴이 유럽이사회 The European Council의 의장국으로 기능한 2001년은 러시아에 대한 EU의 경제·사회적 지원이 확대되는 계기가 되었다.

협력의 문화와 과정

스칸디나비아 국가 간, 나아가 발트 3국을 포함하는 지역 협력 체제가 성숙할 수 있었던 요인으로 다음 몇 가지를 짚어볼 수 있을 것이다.

i. 정책 협력 네트워크

먼저 각국 행정기관 간의 공식적, 비공식적 협의를 위한 촘촘한 네트워크가 형성되어 부단한 정책 조정이 가능하였다. 전문 관료들 간의 인적 유대가 조성되어 정권이 바뀌더라도 협의의 통로가 유지될 수 있었다. 정부 간 설치된 공동기구도 이러한 협의 장치의 일부였다.

ii. 협력의 규범 공유

상호 협의를 원활히 하는 암묵적 규범을 공유하였다. 타협을 통한 합의 도출, 합의에 의한 정책 결정, 합리적 선택 rational choice, 개방성, 문제 해결을 위한 실질적이며 호혜적인 방도 모색 등의 기준이 일반화되었다.

이런 과정에 정책 관련 부서원 간의 비공식적 접촉과 의견 교환이 중요했다. 큰 목표를 단시일 내에 이루고자 하지 않으며 서로에게 무거운 부담이 되지 않는 점진적이고 실용적인 해결책을 찾았다. 이러한 협의 문화는 이 지역의 국내 정치 과정에서도 나타난다.

iii. 사실에 충실함

정책은 광범위하고 면밀한 사실 조사와 신중한 숙의를 바탕으로 한 토의를 거쳐 생산된다. 따라서 최종 결정이 나올 때까지 수년이 걸리는 경우가 많다. 철저한 현황 조사를 정책 결정의 기본 조건으로 삼는 것은 국내 정치에서와 같다.

매우 긴 시간이 소요되는 지루한 과정일 수 있지만 생산될 정책의 효과와 파생될 수 있는 문제를 충분히 검토하게 된다. 정책의 영향을 받을 당사자들과 국민의 이해관계를 소홀히 하지 않는다.

iv. 문화 공동체 의식

역내 국가들의 문화적, 제도적 공통성이 협력을 원활하게 하였고 언어의 유사함이 의사소통을 용이하게 하였다. 북구北歐는 나름대로의 사회·문화 전통, 가치 기준, 생활양식 life-styles을 공유한다는 의식이 일반화되었다.

또한 정치와 사회 체제가 유사한 과정을 거쳐 발전해 오며 지역 공동체 의식이 무르익었다. 19세기 중반부터 약 100년간에 걸쳐 자유주의 사상, 의회민주주의, 사회복지 제도가 비슷한 진도進度로 정착하였다.

정부 기구, 정당, 사회단체 등도 서로 유사한 구조를 갖게 되었다. 따라서 한 기관의 정책 당사자는 이웃 나라 해당 기관의 협력 파트너를 쉽게 찾을 수 있다.

스칸디나비아·발트 국가들은 협력을 통해 한 국가만으로는 해결할 수 없는 문제를 함께 풀어나갔다. 환경 문제, 이민 대책, 법률 서비스, 사회복지, 교통·통신 등은 근린近隣 국가 간의 정책 조정이 요구되는 분야이다. 또한 지역 협력을 통해 각 국가의 한정된 자원을 함께 동원하여 교육, 에너지, 과학·기술, 산업 및 지역 개발을 촉진할 수 있었다.

원숙한 평화 외교

북유럽 지역협력의 발전을 위한 스웨덴 외교정책의 역정歷程을 되돌아보며 다음과 같은 면에 주목하게 된다.

i. 미래지향적 외교

러시아에 대한 스웨덴의 정책은 미래지향적이며 건설적이다. 역사적으로 러시아는 스웨덴에게 북유럽의 패권을 다툰 적국이었다. 수차례의 치열한 전쟁을 겪으며 스웨덴은 국토의 1/3에 해당하는 핀란드를 러시아에 넘겨주는 아픔을 경험하였다. 지금도 군사적으로는 러시아가 유일한 가상적이다. 이런 한계를 극복하는 적극적 외교가 돋보인다.

ii. 역사적 갈등 요인의 극복

과거에는 스칸디나비아·발트해 지역 국가 간 갈등 요인이 적지 않았다. 스웨덴과 덴마크 간의 경쟁 관계, 노르웨이와 스웨덴 간의 연합 해체, 핀란드의 민족주의 정서 등이 지역 협력을 어렵게 할 수도 있었다. 그러나 선린의 정신과 정치적 지혜로써 이런 갈등 요인을 극복하였다.

iii. 과거사를 잊고 국민통합에 주력

국내적으로 역사적 경험과 사회적 여건이 갈등 요인을 안고 있는데도 불구하고 국민 통합에 힘쓰고 있다. 핀란드는 러시아 혁명의 여파 속에 민족주의 세력과 공산주의 세력 간의 내전을 겪었다. 에스토니아는 독립한 후에도 인구의 25%가 러시아계이다. 의회민주주의 질서를 확고히 유지하며 사회 갈등의 요인을 잠재우고 모든 국민이 정치·사회 발전에 참여토록 하여 국가의 독립을 유지하고 발전을 도모한다.

iv. 포괄적 협력 안보

스웨덴은 포괄적 협력 안보의 증진을 도모하고 있다. 안보의 개념을 경제, 환경, 사회, 정치 분야를 포괄하는 것으로 이해하고 러시아를 포함한 이웃 나라들의 체제 전환과 사회 안정을 지원함으로써 지역 전체의 안보 상황 개선과 공동 번영을 추구한다.

v. 협력 관계가 외교적 자산

스웨덴이 꾸준히 구축해온 스칸디나비아 국가 간의 협력 체제가 그 외교의 폭을 넓혀가는 데 중요한 발판이 되었다. 그리고 EU에 가입한 후로는 그 터전에서 동원될 수 있는 재정적, 외교적 자원이 스웨덴 외교에 힘을 실어주었다.

한편 자국의 시각이 EU 전체의 정책 형성, 발전 과정에 충분히 반영될 수 있도록 노력하였다. 스웨덴의 발트 3국에 대한 적극적 정책이 EU의 이 지역에 대한 정책 방향에 긍정적으로 작용하였다.

vi. 국제사회가 존경하는 외교

스웨덴의 모든 외교 프로젝트는 UN이 추구하는 가치, 미국의 세계 정책, EU의 바람직한 발전 방향과 조화되도록 하여 자국의 외교 노력이 실효를 거둘 수 있도록 하였다. 거시적으로 평화와 조화로운 세계질서 형성에 기여하며 국제사회가 존경하는 국가가 되었다.

vii. 국내 정치와의 선순환

발트 3국에 대한 적극적인 외교는 정부의 국제협력 노력에 대한 국민의 지지와 야당의 협력을 이끌어내는 데 긍정적으로 작용하였다.

미래의 동아시아 국제질서를 위해

동아시아의 사정은 스칸디나비아·발트해 지역과는 다르며 한국을 스웨덴과 직접 비교하기도 어려울 것이다. 그러나 스웨덴이 보여준 외교의 원숙함은 한국의 근린 외교를 평가하며 향후의 정책 방향을 구상해 보는 지표가 될 수 있을 것으로 보인다.

가. 미래지향적 한일 관계

우선 일본에 대한 한국의 정책은 미래지향적이어야 한다. 동아시아에서 한국과 일본이 자유민주주의와 시장경제의 가치를 공유하며 거시적으로 중국과 북한의 자유민주화가 이루어질 수 있도록 다방면으로 연대를 발전시킬 수 있을 것이다.

스웨덴의 외교에서는 과거사가 장애물이 된 일이 없다. 항상 현실을 냉철한 이성으로 직시하며 보다 나은 미래를 향해 나아갔다. 우리도 일본과의 과거사를 둘러싼 갈등에 매몰되어 외교력이 약화되는 일이 없어야 할 것이다. 오히려 우리가 일본에 대하여 능동적으로 나섬으로써 일본의 보수주의가 국수적으로 흐르지 않고 또 일본 내 좌경화 세력이 조총련과 북한에 경도되지 않도록 양국 간 우호 분위기를 조성함이 바람직하다.

일본이 우리를 대하는 자세가 만족스럽지 못하더라도 일본의 전향적 자세에 대해서는 이를 받아들이는 아량이 필요하다. 이를테면 무라야마村山富市 총리 재임 시의 식민 지배와 전쟁 행위에 대한 사죄 발언과 한국과의 관계 개선을 위한 사려 깊은 구상에 대해서는 긍정적으로 수용하는 선린의 자세를 취할 수 있을 것이었다.

일본 아베安倍晋三 정부의 '일본 다시 세우기' 작업은 중국의 부상에 대한 대응이기도 하다. 이를테면 일본의 '적극적 평화 외교'의 주된 목적은 남중국해에서 나타나고 있는 것과 같은 중국의 일방적 중화주의를 견제하는 데 있다.

여기에 일본이 동아시아 지역 안보에 기여할 수 있는 면이 있다. 우리로서는 중국의 복고적 중화주의와 일방적 대국주의를 견제해야 하며 이를 위하여 우호적 한일 관계의 안정이 바람직하다.

우리 대법원이 2018년 10월 과거 일본 기업에 징용으로 간 한국인에 대하여 배상하라고 판결한 이후 한일관계가 악화 일로이다. 징용 배상 문제는 한일청구권협정(1965)의 해석과 관련된 문제이므로 조속한 시일 내에 정치적으로 조정되어야 할 사안이다. 위안부 합의(2015)에 따라 설립되었던 '화해치유재단'도 해체되었는데 이 문제에 대해서도 상호 신중하고 사려 깊은 협의가 있어야 할 것이다.

나. 국제 협력을 통한 북한 핵 문제 해결

우리는 경제·문화뿐 아니라 안보 문제도 세계화한 시대에 살고 있다. 북한 핵 문제는 한국과 국제사회와의 긴밀한 협력을 통하여 해결될 수 있다. 유엔, 안보 협력 동반자인 미국, 일본, 그리고 유럽의 외교적 자원을 함께 동원해야 한다.

스웨덴은 WEUWest European Union(서유럽연합), EU, 스칸디나비아·발트 공동체를 발판으로 자국의 안보 환경을 개선하며 러시아의 체제 변환을 지원하는 근린 외교 정책을 꾸준히 펼쳐왔다.

국제공산주의가 긴 와해의 과정을 겪고 있다. 먼저 동유럽과 러시아가 공산 체제를 벗어났으며 중국도 개혁·개방으로 변환의 길을 걷고 있다. 북한이 자신의 안보를 위태롭게 하며 주민들의 어깨에 부담만 지우는 핵무기를 가까운 장래에 포기하고 정상국가로 거듭날 수 있도록 설득해야 할 것이다. 이런 노력이 결실을 거두기 위해서는 한국과 국제사회가 정책의 논리를 함께 재정비하고 체계적인 공조의 틀을 견지해야 할 것이다.

다. 국제 협력과 주권 의식

우리가 UN이 추구하는 프로젝트에 적극 참여하며, 미국과의 안보 협력을 돈독히 하고, 일본과의 관계를 전향적으로 발전시키는 것은 우리 자신을 위하여 '주권'을 행사해 택하는 길이다. 미국과 일본도 한국과의 협력을 통하여 자국의 이익을 도모한다.

작은 한국이 강한 미국이나 부유한 일본에 의존한다는 의식은 불식되어야 한다. 서로 자유, 인권, 평화의 가치를 공유하므로, '상호' 협력을 이루며 서로의 외교적 자원이 합쳐질 때 함께 이루고자 하는 목적에 더 가까이 다가갈 수 있다.

스웨덴은 다양한 국제기구에 참여하고 크고 작은 나라와 다방면의 협력을 도모하는 과정에서 항상 '주권의 동등' 원칙을 지켰다. 자신의 주권을 적극적으로 행사하고 동반자와 상대방의 주권을 존중하였다.

중국은 개혁·개방을 추진한 초기에는 '주권 존중'을 외교의 기본으로 강조하였으나 국세가 신장되면서 중화민족주의가 대외정책의 성격을 변화시키고 있다. 국제 관계를 '세계의 중심' 중국과 주변 '오랑캐' 간의 관계로 다루려는 태도가 나타난다. 다시 현대 국제관계의 일반적 규범인 '주권 동등'의 원칙을 중국이 내면화하도록 해야 할 것이다.

스칸디나비아·발트 공동체의 매력은 경제력, 군사력 수준이 다른 크고 작은 나라들이 서로의 주권을 존중하며 민주주의의 발전과 공동 번영을 위해 함께 노력해온 점이다. 모두 자국의 외교 역량을 발휘하여 자신의 입장과 지혜가 협력체의 프로젝트에 최대한 반영될 수 있도록 교섭하였다. 다른 나라의 입장을 불편하게 할 사업은 섣불리 추진하지 않았다. 일관된 목적과 논리로 호혜적인 협력 사업을 체계적으로 기획하고 실현하였다.

라. 국민 통합을 위한 노력

핀란드는 오랜 세월 스웨덴과 러시아의 지배를 받았으나 친親 스웨덴 혹은 반反러시아 등의 말은 쓰지 않는다. 스웨덴에서는 제2차 세계대전 중 나치 독일에 동조하며 적극 나섰던 이들이 있었던 반면 이에 극구 반대하는 세력도 강했다. 그러나 이제는 이런 일들을 들 추어 내지 않는다. 국가의 미래를 위해 전혀 도움 되는 일이 아니기 때문이다.

한국 내 반일反日 감정, 일본 내 혐한嫌韓 정서를 부추겨 국내 정치에 이용하려는 시도는 한일 양국의 높아진 시민의식을 파고들지 못할 것이며 오히려 여론의 역풍을 맞게 될 것으로 예상된다.

해방 후 대한민국은 1948년 건국된 후 71년 동안 자유민주주의를 정착시키고 경제 발전을 이루어 국제사회의 어엿한 일원으로 일어 섰다. 동아시아의 국제질서 안정과 중국 및 북한의 민주화에 기여 할 수 있도록 우리 국민 전체의 역량이 미래를 향해 모아져야 한다.

중용의 길

11

"이제 정치 블록 간 장벽이 허물어지고
사민당·자유당·중앙당 연립내각이 출범하며
상호 조정을 통한 중용의 길을 찾아 나서게 되었다."

이단아의 부상

2018년 9월 9일 스웨덴 총선이 열렸다. 비례대표제 선거에서 의회의 총 349석 중 사민당이 101석(28.3% 득표), 환경당이 15석(4.3%), 좌파당이 28석(7.9%), 온건당이 70석(19.8%), 자유당이 19석(5.5%), 중앙당이 31석(8.6%), 기독민주당이 23석(6.4%), 그리고 스웨덴민주당이 62석(17.6%)을 차지하게 되었다. 4년 전의 총선에서 사민당이 113석, 환경당이 25석을 얻어 두 당이 연립내각을 구성하였는데 2018년 총선에서는 이런 집권당의 지위가 다소 약화된 것이다.

온건당·자유당·중앙당·기독민주당 등 네 당은 중도·보수 연합을 이루어 선거전에 임하였다. 2014년 총선에서 온건당은 84석, 자유당이 19석, 중앙당이 22석, 기독민주당이 16석을 얻은 것과 비교하면 연합의 총 의석이 2석 늘었으나 집권을 주장할 만한 세력이 되진 못하였다. 특히 연합의 리더 격인 온건당의 의석이 상당히 줄어든 것이 눈에 띄었다.

이번 선거의 승자는 정계의 이단아로 여겨져 온 극우 정당 스웨덴민주당 Sveriges demokrater이었다. 2010년 20석(5.8%)을 얻어 의회에 진출하더니 2014년엔 49석, 그리고 이번 선거에서는 62석을 차지하여 일약 제3당으로 부상하였다. 스웨덴민주당에 대한 지지가 이렇게 늘어난 것은 난민 문제가 스웨덴이 과거에 경험하지 않았던 사회 문제로 대두된 데 있다.

스웨덴은 최근 5년간 약 60만 명의 해외 난민을 수용하였으며 유럽이 난민 위기를 겪은 2015년의 경우에는 16만 3천 명을 받아들였다. 독일 다음으로 많은, 인구 대비 유럽 최다 망명객이 입국하였다. 인도주의 정신으로 전쟁 난민이나 정치 망명객을 너그러이 받아들여 온 전통이 있어 가능한 일이었다.

그런데 이들이 스웨덴 사회 속으로 동화되는 데는 난관이 따른다. 정부가 외국인들을 위한 양질의 스웨덴어 교육 프로그램과 맞춤형 직업훈련을 국비로 제공하지만 이들의 취업 기회가 일반 국민과 같을 수 없다.

때로는 문화적 장벽이 만만치 않다. 소말리아 출신 난민 가족 아이들 중 3/4이 학교를 중퇴한다. 예언자 무함마드에 대한 비판을 금기시하며 남녀를 차별하는 무슬림 문화는 언론과 표현의 자유, 양성평등을 신성시하는 스웨덴 문화와 융화되기 어려운 것으로 보인다.

상당수의 난민, 망명객 출신자들이 사회보장에 의지하여 생활하는 것이 현실이다. 산업구조조정으로 제조업 일자리가 줄어든 탓에 이들의 취업문이 더욱 좁아졌다. 전체적으로 비유럽 출신 이민자들의 50%가 실업자다. 이들의 가계 평균소득은 일반 가정에 비해 36% 낮다. 이민자들이 모여 사는 일부 지역의 분위기가 침체되지 않을 수 없다.

복지 체제가 건실하게 유지되려면 성인 노동력의 80% 이상이 생산 활동에 종사해야 한다. 그리고 국민이 이 체제를 뒷받침하는 소득재분배 정책에 동의해주어야 한다. 난민 출신자들의 대량 실업이 사회적 부담으로 느껴지는 가운데 '반反이민'을 정강으로 내세운 스웨덴민주당이 출현하였다. 난민이 대량 유입되어 범죄가 늘어나고 이들이 들여온 이슬람 문화가 평온했던 사회를 위협하고 있다는 목소리가 높아졌기 때문이다. 국민이 납부하는 고율의 세금이 상당 부분 이들을 위해 지출된다고 지적하고 있다.

스웨덴민주당은 1980년대의 보수적 민족주의 운동에 뿌리를 두고 있다. 스웨덴 고유의 문화와 가치 전통을 지켜야 하며 많은 난민, 망명객의 유입으로 나라의 정체성이 위협받고 있다고 주장한다. 노골적인 신新나치주의, 반反이슬람 혹은 반유대주의를 내세우지는 않으나, 인종차별적 정책이나 발언을 금기시해왔던 스웨덴 정치문화에서 이단아임에는 틀림없다.

중도·보수 연합의 해체

2018년 총선 결과를 블록별로 나누어 비교해 보면 사민당·환경당·좌파당으로 이루어지는 중도·좌파 블록(이하 제1블록)의 총 의석 수는 144석이고 자유당·중앙당·기독민주당·온건당이 구성한 중도·보수 블록(이하 제2블록)은 143석으로 불과 1석 차이다.

좌파당을 제1블록에 포함시킨 것은 이 당이 반 EU 정강을 고수하며 사민당 주도 내각에는 참여하지 않으나 다른 대부분의 정책 사안과 관련해서는 사민당을 암묵적으로 지지해온 관례가 있어서이다. 자유당 외 3당이 제2블록을 구성하는 것으로 설정한 것은 앞에서 언급한 바와 같이 이들이 2006년 이래 공동 선거 전선을 형성해 온 배경에서이다.

스웨덴민주당을 이 두 블록 중 어디에도 포함시키기 어려운 것은 인종차별적 정강을 표방하는 이 당을 제1·2블록 정당들이 협력의 파트너로 인정하지 않기 때문이다. 양측 다 스웨덴민주당과의 연립정부 구성을 있을 수 없는 일로 보고 있다.

제2블록에서 정치적 스펙트럼의 가장 오른쪽에 있는 온건당 일각에서는 이제 스웨덴민주당의 정치적 실체를 인정할 수밖에 없다는 발언이 나오고 있지만 만약 이런 견해가 당의 공식 입장이 된다면 이는 자신의 위치를 위태롭게 할 모험을 감수해야 할 수도 있다. 온건당과 스웨덴민주당 간의 명시적 혹은 암묵적인 협력을 바탕으로 온건당이 집권을 시도한다면 이는 2014년 총선 후 두 블록 간 이루어진 대타협의 파기를 의미하기 때문이다.

당시도 이번 선거에서와 같이 어느 블록도 의회 과반 의석을 얻지 못한 상황에서 두 블록 중 다수 의석을 차지한 쪽이 정부를 구성하여 운영할 수 있도록 소수 블록이 협조한다는 합의가 있었다. 2024년까지 적용하기로 한 이 합의를 무시한다면 정치도의에 어긋난다는 비난도 감수해야 할 것이었다.

그런데 이와 같은 가상의 시나리오가 현실로 나타나게 되었다. 온건당이 자신이 제출할 정부 구성안을 스웨덴민주당이 지지할 것을 예상하며 집권을 시도하자 자유당·중앙당·기독민주당이 이에 반기를 든 것이다. 이들 중도 3당은 극우 민족주의를 표방하는 정당의 지지를 업고 연정에 참여할 수 없다는 입장이었다.

결국 제2블록이 해체되며 온건당의 집권 계획도 무산된다. 2006년 이래 유지되어온 중도·보수 공동 전선은 이렇게 막을 내렸다.

중도 연립 정부의 출범

결국 블록의 경계를 넘어 사민당·자유당·중앙당 등 3당 연립내각이 2019년 2월에 구성되었다. 이 세 정당은 민주화 개혁과 복지제도 구축의 주역들이었다. 사회적 자유주의의 가치관을 공유하는 이들이 다시 중용의 길로 국정을 이끌게 되었다.

이념적 스펙트럼 좌측의 좌파당과 환경당은 연정에 참여하지 않으면서 소득분배, 환경 및 이민 정책 분야에서 정부의 보다 진보적인 접근을 촉구하게 될 것이다. 전체적으로 보수적 민족주의를 견제하는 구도가 되었다.

최근 30년 동안 스웨덴 선거의 주된 쟁점은 경제 세계화로 복지사회가 안게 된 여러 문제의 해법에 관한 것이었다. 2018년 선거에서 사민당은 사회복지와 교육의 공공성 회복을 주된 이슈로 삼았다. 민영화로 인하여 양로 등 공공 서비스의 질이 저하되고 사립학교가 늘어나며 학생들의 학업 성취도가 낮아졌다고 지적하였다.

이민자의 높은 실업률에 대해서는 정부가 보조금을 지원해서라도 이들을 위한 일자리를 마련하겠다는 구상이었다. 한편 공공주택의 공급 확대와 도시 주거 환경의 개선을 공약하였다.

공동 선거 전선을 편 중도·보수 연합 측은 복지 서비스는 수주업자들의 경쟁을 통해 효율이 향상되도록 해야 하며, 교육에선 더 많은 사립학교가 설립되어야 교육의 질이 높아질 것이라고 주장하였다.

이민자의 대량 실업에 대해서는 이들이 노조가 설정한 수준 이하의 임금으로도 취업할 수 있게 하여 문제를 완화할 수 있을 것으로 전망하였다. 주택 문제에 대해서는 임대료 제한의 폐지를 주장하였다.

스웨덴민주당은 교육의 민영화를 지지하는 한편 이민자의 임금 수준에 대해서는 노동조합의 입장을 지지하였다. 그리고 소득세를 줄이면서 노인복지와 의료·보건 서비스를 개선하겠다는 포

풀리즘 공약도 내놓았다. 시민권 자격시험에서 언어와 문화 테스트의 기준을 높여야 한다고 주장하였다.

선거전에서는 제1블록과 제2블록이 국정 문제에 대한 서로 다른 해법을 내놓았으나 이제 블록 간 장벽이 허물어지고 사민당·자유당·중앙당 연립내각이 출범하며 상호 조정을 통한 중용의 길을 찾아 나서게 되었다.

지난 30년 동안에도 정치 블록의 경계를 넘어 주요 국정 사안에 대한 협력이 이루어졌다. 복지 제도 분야에서는 연금제도 개혁이라는 막중한 과제를 장기간에 걸친 거국적 협력으로 풀어나갔다. 외교에서는 사민당·온건당·자유당 등이 EU 가입을 함께 추진하였다.

150년간의 스웨덴 현대 정치사에서 보았듯이 타협과 협력은 이 나라 정치의 중요한 덕목이다. 2018년 선거 결과와 연립정부 성립까지의 경과는 상황의 복잡다단함을 보여주었으나 정치권은 집단적 지혜를 발휘하여 생산적, 진취적 국정 운영을 위해 협력할 것으로 기대된다.

투명성과 신뢰

12

"스웨덴은 역동적인 경제와 복지 제도가
양립할 수 있다는 것을 보여주었다.
이를 가능하게 한 동력을 '신뢰'라는 사회적 자산이 제공하였으며
'투명성'은 이런 신뢰가 형성될 수 있는 환경을 조성하였다."

언론자유법과 행정 공공성의 원칙

18세기 중반은 스웨덴 역사에서 '자유 시대 Frihetstiden'라고 불린다. 강력한 통치권을 행사한 군주 칼 12세 Karl XII가 1718년 의문의 죽음을 맞은 후 의회의 권한이 상대적으로 강화된 시기였다. 의회 내에서는 지주 귀족 세력과 신진 관료 세력이 정치적 주도권을 두고 경합하였다.

당시의 의회는 귀족, 성직자, 시민, 농민 등 네 신분 계층을 대변하는 의원들로 구성되었다. 이를 신분제의회 Ståndsriksdag라고 하였다. 전통적으로 귀족 세력이 의회에서 압도적인 영향력을 행사하였을 뿐만 아니라 고위 관료직과 군부의 요직도 독점하다시피 하였다. 그러나 이제 평민 출신의 신진 지식인들이 관직과 의회에 진출하며 귀족 세력을 견제하고 나선 것이었다. 자영농장을 경제·사회적 기반으로 성장한 농민 계층도 이에 가세하였다.[8]

이렇게 정치 구도가 변화하는 가운데 언론자유법 Tryckfrihets-förordningen이 제정되었다(1766). 누구나 정치적 견해를 언론을 통해 펼칠 수 있다는 원칙을 법제화한 것이었다. 이후 잡지, 팸플릿 등 다양한 간행물들을 매체로 시대 상황의 변화와 정치·사회적

---

8 당시 스웨덴은 농토의 약 1/2이 자영 농민 소유였다. 이는 봉건제도 하의 유럽 다른 나라에서 농민이 지주 귀족의 농장에 예속된 농노였던 상황과 크게 다르다. 스웨덴의 자영 농민은 경제적, 사회적, 정치적으로 상당히 독자적인 지위를 유지하였다.

쟁점에 대한 토론이 활발하였다.

그리고 행정의 모든 내용에 비밀이 없어야 한다는 '행정 공공성의 원칙 Offentlighetsprincipen'이 언론자유법의 불가분의 일부였다. 국가 안보 등의 이유로 기밀이 요구되는 경우를 제외하고는 모든 공문서와 행정 과정의 기록을 국민 누구나 열람할 수 있도록 한 것이었다. 신분에 구애되지 않고 정치적 견해를 펼 수 있다는 언론자유의 원칙이 의미를 가지려면 누구나 국정의 실제 내용을 알아야 할 것이라는 논리에서였다.

18세기 중반에 이미 이 같은 투명 행정의 원칙을 법제화한 것은 세계에서 다른 유례를 찾아보기 어려울 것이다. 도덕적으로 바람직하며 논리적으로도 합당한 기준이지만 현실 정치의 세계에서 공직자의 일거수일투족을 국민들이 다 들여다볼 수 있도록 하는 것은 그리 내키는 일이 아닐 수도 있다. 스웨덴에서는 오늘날까지 이런 원칙이 지켜지고 있지만 다수의 여타 국가에서는 '공무상의 기밀'이란 명분에 가려져 행정 과정이 불투명하고 공문서는 일반인들이 쉽게 접근할 수 없는 것이 실정이다.

언론자유법은 개인의 자유를 신성시하는 스웨덴 사회의 주요 근간을 이룬다. 또 행정 공공성의 원칙으로 국정의 모든 내용에 대한 국민의 알 권리가 실질적으로 확보되며 공직자의 책임 의식이 높아졌다. 그리고 자신의 언사, 행위가 법과 사회 규범을 거스르지 않도록 유념한다.

예산 운영의 투명성과 합리성

행정 공공성의 원칙으로 예산 운영의 전 과정이 철저히 투명해질 수밖에 없다. 예산 수립의 근거와 과정, 그리고 예산 집행 및 공금 사용과 관련된 모든 계획서, 회의 기록, 증빙 서류 등은 최소 50년간 보관되고 누구나 열람할 수 있다.

이러한 장치가 있어서이기도 하지만 스웨덴 공직자들의 국가 예산에 대한 도덕의식은 남다르다. 페르 알빈 한손 Per Albin Hansson 수상은 "예산을 한 푼이라도 잘못 쓰면 서민의 호주머니에서 돈을 훔치는 짓이다"라는 말을 남겼다. 예산은 써야 할 곳에만 쓰고 최대한 절약한다.

공직자가 그야말로 공복公僕, 스웨덴 말로 tjänsteman, 영어로 public servant라는 통념이 확고하게 자리 잡았다. 스웨덴 공무원이나 정치인들은 자신이 일반 국민과는 다른 존재라는 등의 특권 의식이 없다. 대중교통을 이용하거나 자전거를 타고 출퇴근하는 유럽의 장·차관과 국회의원의 모습이 우리 언론에 보도되기도 하지만 이는 스웨덴의 일상이다. 한국에선 국회 예산으로 각 의원에게 기사가 딸린 승용차가 제공되는데 이 같은 일은 스웨덴 의원들에겐 그야말로 먼 나라 이야기다.

뿐만 아니라 의원 개인에게 보좌관이나 비서가 배정되지 않으므로 전화도 직접 받고 입법안도 스스로 작성한다. 입법 활동을 지원해주는 전문 인력이 있지만 정당별로 혹은 의회 전체 단위로 운영된다. 그런데도 의원 1인당 법안 제의 건수는 연평균 70건에 달한다. 말 그대로 저비용 고효율의 정치인들이라고 할 만하다.

신뢰 사회

이런 환경에서 국민이 정부와 공직자, 그리고 정치의 총체를 신뢰하는 풍토가 조성되었다. 국민은 정치인들이 국민의 복리를 위해 일하며 정부는 국민이 낸 세금을 써야 할 곳에 바르게 쓰고 있다는 것을 의심하지 않는다. 국민들이 복지 체제의 유지를 위해 많은 세금을 내면서도 불평하지 않는 것도 이와 같이 정부와 정치에 대한 신뢰가 있어서이다.

스웨덴의 튼실하고 성공적인 복지 제도도 이 나라가 신뢰 사회로 성숙하는 데 기여했다. 부유층의 소득세율은 60%에 달하고 저소득자도 최소 29%의 소득세를 부담하며 간접세인 소비세도 높은 편이다. 그러나 납세자의 부담은 국민 전체의 복지로 돌아온다고 믿으며 이런 소득의 재분배는 사회적 형평에 기여한다는 데 공감한다.

국민 개개인은 삶이 불안하지 않다. 직장을 잃거나 병을 앓게 되더라도 다시 일어설 수 있는 사회적 장치가 마련되어 있기 때문이다. 이런 안정된 생활의 터전이 있어 개인은 자신이 종사하는 일에 몰두할 수 있고 보다 창의적인 삶을 살 수 있다. 이런 가운데 사회 계층 간 위화감도 거의 없다. 외국의 경제학자들도 이러한 여건이 스웨덴인의 생산성을 높인다고 분석하였다.

너그러운 복지 혜택이 국민을 게으르게 하며 기업의 투자를 위축시킨다는 말은 스웨덴에게는 해당되지 않는다. 국민 모두가 복지의 원천이 스스로의 근면에 있다는 것을 알기 때문이다. 또한 국민들은 복지사회 유지를 위한 기업의 긍정적인 역할도 잘 알고 있다. 기업의 국제경쟁력이 강화돼야 고용 수준이 유지되고 그 바탕 위에 복지 재원이 마련될 수 있음을 이해한다. 이와 같은 인식을 공유하며 노사 간에도 상호 협력하는 풍토가 조성되었다. 전반적으로 개인 간의 인간관계, 개인과 조직과의 관계, 그리고 조직과 조직 간의 관계도 신뢰로써 이루어진다.

이런 풍토 속에 공직자는 청렴하며 국민들도 언행의 공명함을 중히 여긴다. 공금 남용, 탈세, 뇌물수수, 이권 청탁 등은 매우 부끄러운 일로 여기며 그런 사례도 거의 없다. 국제투명성기구Transparency International에서 매년 발표하는 국가별 부패인식지수Corruption Perception Index를 보아도 스웨덴은 이웃 덴마크, 노르웨이, 핀란드와 함께 세계에서 가장 청렴한 나라이다.

스웨덴은 역동적인 경제와 복지 제도가 양립할 수 있다는 것

을 보여주었다. 이를 가능하게 한 동력을 '신뢰'라는 사회적 자산
이 제공하였으며 '투명성'은 이런 신뢰가 형성될 수 있는 환경을
조성하였다.

신뢰 속에 성숙하는 자유민주 사회

스웨덴 자유민주 사회는 투명성과 신뢰를 바탕으로 성숙하였다.
우리가 이 책에서 살펴본 이 나라 정치·사회·외교의 여러 긍정적
인 면들을 이 맥락에서 다시 한번 되돌아본다.

i.   거짓과 모순이 자라날 수 없는 스웨덴의 정치적 토양

정책의 형성과 국정 운영 과정의 투명함이 진정한 협치를 가능하게
한다. 국정 사안에 관한 정부 및 여러 정당의 입장과 견해가 여과의
여지없이 국민과 다른 정당들에게 제시되므로 정부와 국민 간, 그리
고 정당 간의 소통이 원활하다.

정부뿐만 아니라 각 정당, 그리고 개개 정치인도 정직해질 수밖에 없
다. 개인이나 조직의 정책 노선을 뒷받침하는 논리가 전 사회적 검
토의 대상이 되므로 '정치적 의도'와 '정치적 언사와 행위' 간 모순
이 있어서는 안 될 것이다. 따라서 모든 정치인은 자신이 이루고자
하는 목적과 자신의 발언 및 행동이 체계적 일체를 이루도록 노력

한다. 이런 구조 속에서 이루어지는 정치 협상의 내용은 매우 실질적이며 논리에 충실하다. 이 과정에서 협상 당사자 간의 신뢰도 쌓여간다. 신뢰를 바탕으로 하는 소통이 이루어지며 타협과 합의의 정치문화가 형성된다.

ii. 스웨덴 사회 구성원들의 협력 정신

산업화 사회에서 빈곤 근로자 계층을 새 공동체 안으로 통합해 들이는 사회정책의 형성 과정에 모든 계층, 모든 정당이 참여하였다. 주로 중산층 출신 지식인들이 정책 논리의 근간을 제시하였으나 기업과 노조, 사회단체들도 참여하여 정책의 방향이 결정되었다.

전통적인 협업의 문화가 변화하는 사회·경제적 환경에서 이렇게 발현되었으며 이 과정에서 이루어진 기업과 노조 간의 대화를 통하여 상호 신뢰의 분위기가 조성되고 노사 협력의 틀이 자리 잡게 된다. 기업은 노조의 역할을 긍정적으로 평가하고 노조는 기업과의 협상을 통한 근로자들의 복리와 입지 향상을 기대하였다. 그리고 정부의 적극적인 사회정책에 대한 믿음이 있었다.

살트쇠바드 정신 Saltsjöbadsanda으로 알려진 스웨덴 노사 협력의 윤리는 정부의 개입을 최소화하며 기업과 노조 간의 '자율적인' 조정과 타협을 통하여 기업의 발전과 근로자의 복리 향상을 동시에 이룰 수 있다는 믿음이 그 바탕이었다. 기업·노조·정부가 서로 각기의 사회적 역할과 기여에 대한 신뢰를 공유하였다.

iii. 국제사회가 존경하는 스웨덴의 외교

개인의 자유와 정치·사회 활동의 자율을 중시하는 스웨덴 문화는 그 대외 관계에도 반영되었다. 자유진영의 안보 협력 체제를 공고히 하는 데 기여하며 무역 자유화의 기수로 역할하였다. 일체의 폐쇄적 민족주의나 전체주의적 사조를 멀리하였다. 나치 NAZI 세력과 공산주의 혁명론을 자유민주 사회 스웨덴에 대한 양대兩大 위협으로 간주하였다.

그리고 국가 안보와 경제의 실질을 중시하는 동시에 국제주의적 이상을 추구하는 적극적 외교정책을 펼쳤다. 개발도상국의 경제·사회 발전을 지원하는 데 앞장서 왔다.

스웨덴은 타협과 조정을 통하여 정치·사회적 갈등을 극복하는 지혜를 외교 분야에서도 발휘하였다. 자유진영과 공산권이 되도록 많은 접촉과 교류를 통하여 상호 신뢰를 쌓아갈 수 있도록 중재자의 역할을 수행하였다. 자유진영의 국가이면서 전통적 중립정책을 유지한 것이 이러한 외교를 위한 자산이 되었다. 결국 공산권 국가들이 체제 변환의 길로 들어서게 된 것은 이러한 노력의 결실로도 볼 수 있겠다. 스웨덴은 이제 이들 구공산권 국가들의 자유민주화 과정이 지속 가능하도록 지원하고 있다.

스웨덴은 그 대외 정책의 투명한 논리와 일관됨으로 국제사회가 신뢰하는 나라가 되었다. 이런 신뢰성은 스웨덴 정부 인사들과의 교섭, 스웨덴 기업과의 거래, 혹은 개별 스웨덴인과의 접촉 과정에서도 느껴진다. 신뢰 사회의 문화가 이 나라의 국격國格, 그리고 그 국민의 인격人格을 높인 것으로도 이해할 수 있겠다.

한국 정치 외교의 정상화를 위해

여기서 살펴본 스웨덴의 모습에 비추어 한국 정치와 외교의 정상화를 위해 우선 다음과 같은 과제가 시급해 보인다.

가. 공직자의 정직한 공무 처리

우리도 공무의 처리 내용에 대한 국민의 알 권리를 최대한 보장함이 바람직하다. 정책의 입안-심의-결정-집행 과정이 투명하게 된다면 정책의 합리성과 공명성이 제고될 것이다. 공직자가 정략적 혹은 사적인 이해관계에 매몰되어 공익을 훼손하게 되는 불상사를 최대한 방지할 수 있을 것이다.

우리나라에선 아직도 공직자나 공무 처리의 내용이 검찰 수사의 대상이 되는 사례가 잦다. 이 같은 일이 반복된다면 정부와 정치에 대한 국민적 신뢰가 조성될 수 없다. 심지어 국민이 한국 사회를 유지하고 있는 제도 자체의 타당성에 대한 의구심을 갖게 될 수도 있다. 이런 상황에서는 민주주의의 정상적인 작동이 불가능할 것이다.

나. 투명하고 합리적인 정치문화

정치인과 정당, 보다 포괄적으로는 공무를 다루는 모든 개인과 조직은 정책의 내용과 그 언어적 표현이 일치하도록 노력해야 한다. 한마디로 정책의 목적과 수단을 이어주는 논리가 투명해지도록 해야 한다. 미사여구로 포장한 것과 실제 추구하는 목표가 다르다면, 이러한 '말'과 '의도'의 다름은 시간이 흐르는 가운데 드러날 수밖에 없으며 국민의 정치에 대한 불신을 초래하게 된다.

정치적 수사修辭와 그 실질적 내용 간의 괴리가 크면 여·야 간의 협력도 어렵게 된다. 상거래商去來에서 상대방을 신뢰하지 못하면 거래가 성사되기 어려운 것과 같다. 속담에 "정직이 가장 좋은 방책이다 Honesty is the best policy"라고 하였듯이 모든 의사소통의 성공 비결은 솔직함에 있다고 할 수 있다.

다. 국제적 표준화와 외교의 정확한 언어

정부가 다른 나라 정부와, 혹은 국민을 상대로 외교 문제를 논의할 때에도 정책의 실질적 내용과 그 언어적 표현이 합치되도록 함이 바람직하다. 외교는 서로 문화가 다른 국가 간의 접촉이므로 한 나라가 추구하는 목적을 적정한 언어적 표현에 담아 상대 나라에 전달되도록 해야 한다. 그리고 정부와 국민이 국제 문제와 대외 정책에 대하여 대화할 때에도 추상적이며 해석이 모호할 수 있는 말은 되도록 회피하며 진정한 소통이 이루어지도록 노력해야 한다.

'평화'라는 말을 예로 든다면 나라마다, 혹은 사람마다 평화의 의미를 다르게 이해하거나 설정할 수 있는 문제가 있다. 그래서 의미가 광범하여 다르게 해석할 수 있는 개념을 가리지 않고 쓴다면 실질적인 정책 논의가 어려워지며 엄연한 현실조차 불투명하게 될 수도 있다. 이런 문제를 야기하지 않도록, 예컨대 '상호 무력 충돌의 가능성을 차단하는 방책'과 같이 구체적인 의사의 교환이 가능한 주제에 대하여 소통이 이루어진다면 의미 있는 대화가 가능할 것이다.

대외 정책은 현실에 대한 적확的確한 인식을 바탕으로 설계되어야 하므로 그 속에서 사용되는 핵심적인 개념에 대한 혼선이 생기지 않도록 주의를 기울여야 한다. 그렇게 해야 정책의 논리가 투명해지고 설득력을 갖게 된다. 그리고 정책의 내용이 설득력을 가지려면 국제적으로 일반적으로 통용되는 규범과 절차를 존중해야 한다. 자유 사회의 일원으로서 유엔의 권능을 인정하고 우방국과의 협력 체제를 공고히 하며 교섭 상대국의 입장을 이해하고 배려하도록 노력해야 한다. 이런 노력이 일체를 이룰 때 한국이 국제사회가 신뢰하고 존중하는 나라가 될 수 있을 것이다.

참고문헌

Berggren, Lars & Greiff, Mats
2000 *En svensk historia från vikingatid till nutid* (스웨덴 역사-바이킹 시대부터 현대까지), Studentlitteratur, Lund.

Birgersson, Bengt Owe & Westerståhl, Jörgen
1986 *Den Svenka Folkstyrelsen* (스웨덴 민주주의), Liber, Stockholm.

Blomström, Magnus & Lipsey, Robert E.
1994 *Norden i EU* (EU 속의 북구), SNS Förlag, Stockholm.

Ekholm, Karolina et al.
2007 *Svensk välfärd och globala marknader* (스웨덴 복지 체제와 세계 시장), SNS Förlag, Stockholm.

Esping-Andersen, Gøsta
1990 *The Three Worlds of Welfare Capitalism*, Princeton University Press, Princeton.

Esping-Andersen, Gøsta
1999 *Social Foundations of Postindustrial Economies*, Oxford University Press, Oxford.

Frängsmyr, Tore
2008 *Alfred Nobel*, Swedish Institute, Stockholm.

Fukuyama, Francis
1996 *Trust : The Social Virtues and the Creation of Prosperity*, Free Press, New York.

Fukuyama, Francis
2015 *Political Order and Political Decay*, Farrar, Strauss & Giroux, New York.

Hadenius, Stig
2000 *Svensk politik under 1900-talet* (1900년대의 스웨덴 정치), Hjalmarson & Högberg, Stockholm.

Heckscher, Eli F.
1941 *Svenskt arbete och liv* (스웨덴의 경제와 삶), Albert Bonniers förlag, Stockholm.

Himmelstrand, Ulf & Svensson, Göran (ed.)
1988 *Sverige - vardag och struktur* (스웨덴 - 일상과 구조), Norstedts, Stockholm.

Katzenstein, Peter J.
1985 *Small States in World Markets*, Cornell University Press, Ithaca.

Larsson, Jan
2008 *Folkhemmet och det europeiska huset* ('국민의 집'과 유럽의 집), Hjalmarson & Högberg, Stockholm.

Lindblad, Ingemar et al.
1984 *Politik i Norden : En jämförande översikt* (북구의 정치 : 비교정치적 개관), Liber, Stockholm.

Lindqvist, Svante
2001 *A Tribute to the Memory of Afred Nobel: Inventor, Entrepreneur and Industrialist*, Royal Swedish Academy of Engineering Sciences, Stockholm.

Magnusson, Lars
2006 *Håller den svenska modellen?* (스웨덴 모델은 지속 가능한가?), Norstedts Akademiska Förlag, Stockholm.

Miles, Lee (ed.)
2000 *Sweden and the European Union Evaluated*, Continuum, London.

Molin, Björn et al.
1979 *Offentlig förvaltning* (공공 행정), BonnierFakta, Stockholm.

Myhrman, Johan
1994 *Hur Sverige blev rikt* (스웨덴은 어떻게 부국이 되었나), SNS Förlag, Stockholm.

Myrdal, Alva & Gunnar
1934 *Kris I befolkningsfrågan* (인구 문제의 위기), Stadsbibliotek, Stockholm.

Myrdal, Gunnar
1982 *Hur Styrs Landet?* (국가는 어떻게 운영되는가?), Rabén & Sjögren, Stockholm.

Olson, Mancur
1982 *The Rise and Decline of Nations*, Yale University Press, New Haven.

Partanen, Anu
2016 *The Nordic Theory of Everything*, Harper, New York.

Petersson, Olof
2000 *Nordisk Politik* (북구의 정치), Norstedts Juridik, Stockholm.

Sundelius, Bengt (ed.)
1982 *Foreign Policies of Northern Europe*, Westview Press, Boulder.

Swedenborg, Birgitta
1979 *The Multinational Operations of Swedish Firms*, Almqvist & Wiksell, Stockholm.

Tingsten, Herbert
1961-1964 *Mitt liv* (나의 일생), Vol. 1-4, Wahlström & Widstrand, Stockholm.

Törnqvist, Gunnar (ed.)
1986 *Svenskt Näringsliv I Geogrfiskt Perspective* (지리적 시각에서 본 스웨덴 경제계), Liber, Stockholm.

Åberg, Alf
1978 *Vår svenska historia* (우리 스웨덴 역사), Natur och Kultur, Stockholm.

The Economist Feb. 2, 2013; Sep. 8, 2018; Sep. 15, 2018.

스웨덴은 이런 나라다
한국을 위한 열두 가지 교훈

발행일 초판 1쇄 발행 2019년 11월 15일

지은이 이재석
펴낸이 안병훈
펴낸곳 도서출판 기파랑
등록 2004년 12월 27일 제300-2004-204호
주소 서울시 종로구 대학로8가길 56(동숭동 1-49) 동숭빌딩 301호
전화 02)763-8996 편집부 02)3288-0077 영업마케팅부
팩스 02)763-8936
이메일 info@guiparang.com
홈페이지 www.guiparang.com

ISBN 978-89-6523-613-9 03300